Aprender Jugando 3
dinámicas vivenciales para capacitación, docencia y consultoría

Aprender Jugando 3

dinámicas vivenciales para capacitación, docencia y consultoría

Compilación y estudio preliminar
Alejandro Acevedo Ibáñez

ACEVEDO Y ASOCIADOS

LIMUSA
NORIEGA EDITORES
MÉXICO • España • Venezuela • Colombia

© 1996, EDITORIAL LIMUSA, S.A. de C.V.
GRUPO NORIEGA EDITORES
Balderas 95, México, D.F.
C.P. 06040
☎ 521-21-05
📠 512-29-03

CANIEM Núm. 121

Segunda reimpresión
de la segunda edición

Hecho en México
ISBN 968-18-4360-6

Aprender Jugando 3

**dinámicas vivenciales para
capacitación, docencia y consultoría**

ESTUDIO PRELIMINAR A MANERA DE PRÓLOGO

La *dinámica vivencial* es, básicamente, un juego cuya disposición, en tanto estructura lúdica, permite que un determinado grupo humano pueda hacer emerger experiencias, tanto previas como inmediatas, para transformarlas en aprendizaje.

Esta conceptualización implica considerar al aprendizaje como un proceso, por medio del cual los conocimientos, que el hombre puede establecer como propios, son creados por él, a través de transformar su experiencia en contenidos significativos, tanto para sí mismo como para aquellos agrupamientos sociales en los cuales participa.

Ciertamente, una perspectiva de tal naturaleza está sujeta a un cambio radical de la forma en que por tradición se ha apreciado la educación en el seno de las sociedades industriales, como ejemplo, se puede citar, el énfasis puesto en los procesos de individualización a los que se ve sometido el sujeto en la pedagogía tradicional, *versus,* la focalización del análisis que la pedagogía participativa viene realizando en los procesos de interacción grupal.

La dinámica vivencial es una herramienta inscrita en la pedagogía participativa, y como tal no puede dar sus mejores frutos si se le trata de ceñir a un enfoque tradicional del aprendizaje, porque con ella se detona un proceso en los sujetos que aprenden, que no puede ni ser medido ni ser transformado esquemáticamente en conductas observables; pues este proceso es, antes que nada, un estado mental al que se arriba, sustentado en la observación y registro colectivo de la historicidad del suceso humano y las implicaciones que de éste se desprenden.

Al realizar una dinámica vivencial se está demarcando un espacio en el cual la acción humana tiene forzosamente que teatralizarse para que simple y llanamente ocurra. Ocurrir, que en efecto, se desenvuelve porque se ha propuesto para su realización una cierta estructura y uno o varios tópicos relacionados con la temática que se encuentra en proceso de análisis. En otras palabras, la acción humana se eleva por encima del presente, ubicando los diversos comportamientos que concurren al ocurrir el juego como mera representación. Es aquí donde cada sujeto que interviene en la dinámica vivencial, tiene que hacer uso de toda su experiencia, primero, para poder estar en la realización de la acción y después, para poderla analizar desde el mero hecho social práctico.

La calidad del análisis que sustenta el procesamiento de la experiencia es, en definitiva, responsabilidad del facilitador del aprendizaje grupal. Sin embargo, muy frecuentemente, más de lo que sería deseable, es fácil encontrar un mediocre procesamiento de este análisis. Hay ocasiones, por ejemplo, que a un instructor con un deficiente manejo de la dinámica vivencial, se le escapa de las manos un determinado ejercicio: una simple ruptura de hielo se convierte en un proceso catártico de graves implicaciones para los participantes, o un análisis sistemático, ya sea de liderazgo, de comunicación intra o intergrupal, o de manejo de conflictos, etc., se pierde en vaguedades, justificaciones o incluso confrontaciones de corte personalizado.

En el *estudio preliminar* del tomo dos de *Aprender jugando,* hicimos hincapié en dos elementos que ayudan a asegurar los resultados didácticos de una dinámica vivencial: por un lado, el desarrollar un desempeño de facilitador de procesos grupales, y por el otro, el ceñir la realización del juego a un ciclo de aprendizaje. En este tomo tres, tocaremos un tercer elemento igualmente importante: los niveles de análisis de la dinámica vivencial.

Los niveles de análisis a los que puede prestarse una dinámica vivencial se encuentran determinados por el grado de involucración que los miembros de un grupo han alcanzado a desarrollar. Es de esperarse que un facilitador de procesos grupales, posea una conceptualización, lo más amplia posible, sobre la noción de grupo, pues es a través de formar al grupo y propiciar su crecimiento como tal, lo que le permitirá acceder a un nivel de análisis cada vez más profundo.

Algunos autores consideran que los grupos humanos se definen por el grado de interdependencia de sus miembros;

otros, por el grado de satisfacción que procura a sus integrantes; otros más, por la existencia de ligas afines que emocionalmente unen a las personas y que generan líneas o canales de comunicación, más o menos definidos, que se resuelven en interacción concreta. No obstante, estas aproximaciones y muchas otras similares, sólo son descripciones de algunos de los diversos aspectos de los grupos y no podría ser de otra manera, pues el término "grupo" es una noción con la cual se trata de globalizar un conjunto de hechos relativos a la acción colectiva, o lo que es lo mismo: es un seudoconcepto de carácter empírico. Y lo que normalmente se dice del grupo, en consecuencia, son comentarios que nacen de la observación del comportamiento de las personas hacia el interior de un determinado agrupamiento social. Según sea la disciplina profesional del observador, será la tónica del enfoque.

El modelo grupal que hemos empleado para evitar que el análisis de la experiencia a la que da cabida una dinámica vivencial, se disperse por caminos no deseados, parte de la consideración operacional de que el grupo, en tanto noción vívida de un determinado "nosotros", al igual que el "yo", puede hacerse inteligible como una serie de capas que protegen una cierta nuclearidad. En el caso del individuo, el núcleo es el propio "yo", y las capas que lo protegen solemos agruparlas bajo dos grandes rubros: el primero, que reúne los niveles de estatus o mérito personal del individuo, y el segundo, que reúne los niveles alcanzados en el manejo de los roles o papeles que desempeña el individuo en su entorno social.

En el caso del *modelo dimensional del grupo* que presentamos, el núcleo que protege ese determinado "nosotros" es la idea del hombre, que presupone tal agrupamiento. La primera capa que le protege, es la que corresponde al tiempo del grupo. La segunda, es la que contempla todos los procesos del grupo. La tercera, es la que contiene la tónica de participación grupal. Y la cuarta, la más superficial de todas y que preserva a las demás, está constituida por lo que Kurt Lewin llamaba *feed-back*, y que se suele traducir como retroalimentación o retroinformación.

Estableciendo una analogía, podría pensarse en una cebolla, cuyas capas sucesivas siempre están alrededor del nú-

10

MODELO DIMENSIONAL DEL GRUPO
Niveles de análisis en la dinámica vivencial

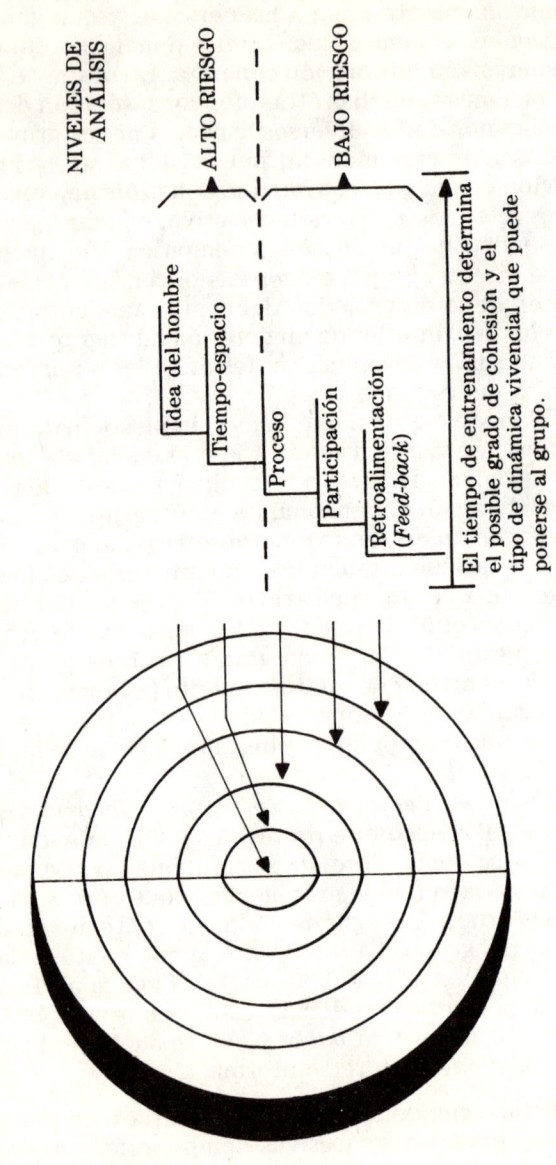

NIVELES DE
ANÁLISIS

ALTO RIESGO

BAJO RIESGO

Idea del hombre

Tiempo-espacio

Proceso

Participación

Retroalimentación
(*Feed-back*)

El tiempo de entrenamiento determina
el posible grado de cohesión y el
tipo de dinámica vivencial que puede
ponerse al grupo.

cleo. En el caso del grupo, estas capas son las dimensiones en las cuales se da el desempeño de sus miembros, definiendo, en la propia actuación de los mismos, el grado de integración en el cual se encuentra el grupo. La amplitud y profundidad de conocimiento real, que los miembros del grupo posean de cada una de estas dimensiones determinan la madurez y alcances de la acción colectiva, pues esta conciencia actúa como fuerza de cohesión, en tanto que la inconsciencia o desconocimiento actúa como fuerzas de dispersión.

Los niveles de análisis a los que puede arribar el procesamiento de una dinámica vivencial, se encuentran determinados por el grado de integración del grupo en el cual se está interviniendo, en otras palabras, por el grado de conocimiento que el grupo tiene de sus propias dimensiones en las cuales se desenvuelve el comportamiento de sus integrantes. Es por esta razón, que es muy fácil que a un instructor novel se le pueda ir de las manos el procesamiento de una dinámica vivencial. Porque lo que sucede en esos casos, es que el instructor o alguno de los miembros del grupo, comienzan a incursionar en un análisis que parte de una dimensión o capa que el grupo en su conjunto todavía no domina, en términos de su conocimiento, ya sea porque no se ha dado el suficiente tiempo al grupo, o porque abiertamente no se ha puesto énfasis en el estudio de ese conocimiento intragrupal.

Muchos instructores se obcecan en "sacar adelante" la tarea de aprendizaje del grupo, sin darse cuenta de que el proceso del grupo es de vital importancia para asegurar el aprendizaje a largo plazo. No sólo es importante el "qué" se está aprendiendo, sino también el "cómo" se está aprendiendo.

Poner una dinámica vivencial en un grupo que se encuentra en un proceso de aprendizaje, sólo como mero divertimento, sin crear aprendizaje a través de este esfuerzo, es una forma bastante artera de matar el tiempo y no haber comprendido la riqueza que contiene un grupo en aprendizaje, tanto para sus miembros como para el propio docente. El facilitador profesional ha aprendido a confiar en la realidad grupal, porque sabe que hay una serie de comportamientos que se dan, de forma natural, hacia el interior del grupo, que tienden a preservar ese "nosotros", tan etéreo como intangible para el conocimiento positivo, pero efectivamente real como intuición elemental de las personas.

Desde una perspectiva lewiniana, se puede decir que hay cinco constantes, no se sabe si son principios o leyes, que expresan la extraordinaria capacidad autogestiva de los grupos humanos. Constantes, a través de las cuales es más fácil comprender la propia dimensionalidad de los grupos, pues son éstas las que explican estas capas sucesivas en que se da la intimidad grupal; estableciendo, simultáneamente, los niveles de análisis en los que puede ubicarse una dinámica vivencial.

PRIMERA DIMENSIÓN

La primera constante: la psicogénesis de un grupo determina todo su desenvolvimiento histórico. Lo cual quiere decir, que las causas y circunstancias por medio de las cuales surge un grupo son la base fundamental de su idea del hombre, esa que establece la viabilidad de una axiología, en tanto un sistema de valores a compartir, es pues, el parámetro en el cual se legitiman las características del etnosistema al que el agrupamiento, por su simple existencia, da cabida, favoreciendo ciertos comportamientos y reprimiendo otros.

Es esta idea del hombre, tácita en la imaginación colectiva y explícita en toda cosmovisión mítica y nunca manifestada abiertamente en un grupo vivo, el núcleo o axialidad que se erige como el tótem o presupuesto necesario que le proporciona a los miembros de ese grupo, para algunos ". . .la ilusoria coherencia del lenguaje. . ." y para otros ". . .la imposibilidad de neutralidad del lenguaje. . ." pero lenguaje cotidiano al fin y al cabo con el cual se sustenten los intercambios entre las personas.

Esta psicogénesis que forzosamente deviene en idea del hombre de un conjunto de personas, es ese presupuesto básico que suele hacerse público con todo el boato axiomático

resuelto en dogma, merced a esos espacios de silencio que
hay entre las palabras en donde dormitan las voces que no
se dicen y, que en tanto ausencia de sonido, penden los enunciados virtuales, esos que maravillosamente le dan sentido
a toda proposición, dándole ese sabor oculto a todos los co-
municados: ese colorido en las palabras que no es sujeto a
la aprehensión, justo porque se escurre por entre los resqui-
cios de los vocablos, creando un mullido metalenguaje que
sólo se percibe de manera esotérica. La idea del hombre
como un modelo de comportamiento anhelado, deseado,
recordado. . . como una escena visualizada en brumosos
sueños, una escena en donde el héroe y el protagonista es
el hombre mismo, pero sólo un cierto tipo de hombre, con
una muy particular heroicidad, un hombre que fue pensado
y soñado por un conjunto de hombres, como un ejemplo de
desempeño digno de emular; esquema de comportamiento
sólo bosquejado, porque siempre se mantiene en la insinua-
ción, en el impresionismo que del todo nunca lo dibujará y
a lo sumo nada más lo perfilará.

Ese perfil, sin embargo, es la semilla de cualquier mito,
en cualquier momento de la aventura humana, es la extraña
mezcla de una idea y una imagen, alianza de una intuición
y una concepción que integra de manera por demás sólida
la pluralidad, paradójicamente siempre singular, en el centro del espacio grupal, con toda la fuerza necesaria para eri-
girse en la ortodoxia misma del grupo.

Sin esa idea del hombre por medio de la cual se congre-
gan las personas alrededor de una determinada tarea, idea
u ocupación, no se podrían generar intercambios que devi-
niesen en solidez y cohesión, porque del gregarismo a las formas elementales de la sociabilidad, media un reparo, que
es nada menos que la reciprocidad que exige ésta. Esta demanda de ser recíproco es la forma en que se articulan las
obligaciones y expectativas que subyacen en cualquier intercambio comprometido con los otros, y es aquí donde la psicogénesis de cada uno de los grupos de referencia en los cuales
ha participado el sujeto, le han modelado una manera de
actuar basada en la concepción del hombre que haya expe-
rimentado el individuo como válida. Eso es lo que le proporciona su calidad y calidez de relación con los otros, es pues

ese parámetro ético con el cual el sujeto se desenvuelve en la sociedad: a qué, realmente, se está obligado en la sociedad y qué se puede esperar del hecho social. ¿Qué tipo de individuo se espera que sea el otro con el cual uno se está relacionando y quién resulta que es en la medida en que éste, paulatinamente, en el desarrollo de la relación, va asumiendo sus obligaciones y alcanzando sus expectativas?

La tensión que suscita la relación en términos de la posible concordancia o discrepancia entre obligaciones y expectativas entre dos o más personas, se resuelve merced a una negociación o polémica interna en cada una de las personas que participan en ella; porque para que cualquier hombre actúe socialmente requiere una idea de hombre que le legitime o justifique su actuación, ideal que sólo los grupos han ido haciendo concebir como posible a los sujetos, no importando lo que la propia realidad social entrega como hechos consumados. Son pues, ajustes que adecuan las relaciones interpersonales y en consecuencia le dan un grado de complejidad a la propia reciprocidad; cuestión que en otro orden de ideas se suele llamar "nivel cultural".

El facilitador profesional cuenta con una ventaja interesante, él, a diferencia del sociólogo, etnólogo, psicólogo social, etc., cuenta con la peculiaridad de propiciar la formación del grupo donde va a operar. Él cuenta con una serie de actividades que nosotros hemos agrupado bajo el rubro de "formación de la comunidad de aprendizaje", las cuales le permiten influir en la psicogénesis del grupo, o sea, disponer algunas señales o indicios que permitan que los miembros del grupo puedan encontrar los caminos para reconocer, más fácilmente, la idea del hombre que ellos mismos están construyendo ya como realidad grupal. Pero eso es todo, a partir de haberse formado el grupo como tal, al facilitador, los miembros del grupo le dan un tratamiento diferencial, él es otra cosa, él no es parte del grupo; él, por el papel que desempeña, se convierte en lo otro, en el mejor de los casos, en el emisario del mundo extragrupo.

El análisis y procesamiento de las dinámicas vivenciales que toman como materia prima los contenidos de este núcleo de la noción del "nosotros", corren el riesgo de detonar procesos catárticos, que en realidad caen dentro de otra especialidad: la de la psicoterapia grupal, que definitivamente no es competencia del facilitador de procesos orientados al desarrollo de los recursos humanos de las organizaciones.

Como puede verse, cuando una dinámica vivencial llega a ser procesada desde esta concepción íntima del grupo, sólo se pueden pensar dos cosas: o el facilitador no sabe manejar el procesamiento para que éste no se le vaya de las manos, o el facilitador quiere manipular las conciencias de los miembros del grupo. Y sabido es que la forma más socorrida para modificar esta psicogénesis, es la de reeditar el pasado en la que se sustenta la psicogénesis, reformulando mitos, rituales, valores y desempeños ejemplares. No es que se trate de otra historia, ésa ni se toca, sino más bien se toma sólo la influencia del pasado que así conviene a esos manipuladores, porque es en el pasado que los grupos humanos encuentran sentido a su valía y, en consecuencia, a sus sistemas de valores, o sea, ahí se encuentran los fundamentos de su "prestigiosa tradición".

SEGUNDA DIMENSIÓN

La segunda constante: todo grupo humano se autorregula. Esto quiere decir, que establecido un prestigio tradicional específico, en el seno del agrupamiento se desarrolla un complejo sistema de autorregulaciones entre los miembros, en términos temporales y espaciales, de manera que al gestionar, los individuos del grupo orientan todos sus comportamientos, a través de un enjambre de "vigilantes" miradas, a mantener un equilibrio de los vínculos que ligan a las personas. Estas vigilantes miradas no son otra cosa más que la conciencia social, que construida a partir de la idea de hombre que propició su psicogénesis, sobredetermina el comportamiento de los individuos. Suele ser conocida también bajo el concepto genérico de cultura, entendida ésta como el sistema de aprendizaje, que preserva el conocimiento social de cualquier agrupamiento, y que para los miembros de tal agrupamiento se les presentan como un repertorio de modelos de la "realidad" con los cuales se explica el orden, la coherencia, la integración y la dirección de la acción colectiva.

No hay cultura de sociedad o de grupo, e incluso de individuo, que no se den en el tiempo y en el espacio, obligándose por ello a vivir sus propias transformaciones. Es esta dimensión temporo-espacial de los grupos humanos en la que se encarnan todos los ideales y aspiraciones de la imaginación colectiva, resolviéndose éstos en comportamientos concretos, es el ritmo que manifiesta el actuar circunscrito al sentido temporal y espacial de su época; o sea, señido al significado del transcurso vida para alcanzar el ideal del hombre, de ese hombre abstracto que se pretende como modelo.

En el agrupamiento, en el momento en que sus miembros se reconocen, o más bien, se perciben a sí mismos ya como grupo, se da espontáneamente un acucioso cuidado, por parte de todos sus integrantes, de la duración real de la experiencia grupo, en términos de un muy pronunciado celo que consolidará la percepción del grupo. Este celo salvaguarda la intimidad de las realizaciones del grupo, sean éstas modestas o grandiosas, laborales o recreativas, dispersivas o cohesitivas, etc. Pues es esta intimidad la que muestra de forma palpable, la discreción que cualquier grupo exige a sus integrantes desde los más elementales grados de sociabilidad y desde la más remota antigüedad.

Este celo de la intimidad y exigencia de discreción, no es más que una manifestación socialmente admisible, de una realidad algo más compleja. El agrupamiento, a través de este mecanismo, intenta guardar para sí, su propia mismidad frente a una otredad, que aunque genérica es intuitivamente fáctica; es pues su identidad ante lo que no es ni puede ser su propio ámbito grupal. Lo otro, lo extragrupo, se erige como una amenaza permanente, pero ¿qué es lo que presuntamente amenaza? Toda la estructura de lo imaginario grupal, en la cual se ha articulado el comportamiento humano que hacia el interior del agrupamiento es, para todos los integrantes del mismo, de lo más natural, pero para cualquier observador extragrupo, esos mismos comportamientos sólo constituyen una forma de ritualizar la interacción social.

Es por ello que cualquier agrupamiento, incluso con un mínimo de cohesión, demarca radicalmente su espacio intragrupal y al realizar esta separación de lo extragrupal, también está demarcando una temporalidad en la cual se da la experiencia de la duración grupo.

Veámoslo así, todos los integrantes de cualquier agupamiento, están sujetos al tiempo social, que es indistinto para todos. Todos arriban a sus grupos de referencia con un tiempo señalado por las manecillas del reloj, a este tiempo le llamaremos el tiempo "A", el espacio grupal que los espera de suyo ya está prefigurando un tiempo "B", estos dos tiempos diferentes entran en lucha, en tanto que son dialécticamente opuestos. Esta lucha es una ritualización de los componentes básicos de la idea del hombre que a fuerza de evocación y conmemoración, va paulatinamente ordenando las relaciones intelectuales y emocionales, hasta que se sintetiza un espacio y un tiempo diferente a los que le anteceden: tiempo "C", otorgándole una identidad al agrupamiento. Lo que celosamente se guarda a la indiscreta mirada de los otros es la cosmovisión o imaginación colectiva, que constituyen el contrato social en los que se basa la existencia del grupo, que en tanto acuerdo imaginario, es susceptible de ser altamente frágil ante la crítica.

Si esta función divisoria del tiempo, en tanto dimensión definida, no existe en un grupo de entrenamiento, puede deberse a dos situaciones: a) porque el grupo está a punto de desintegrarse como tal, o b) porque todavía no se ha manifestado el grupo como tal. El facilitador de procesos grupales, difícilmente puede arribar a este nivel de análisis, si lo hace corre el riesgo de causar serias perturbaciones en la forma de relacionarse de los integrantes; en tanto que cuestionar la actuación en este nivel es cuestionar el rito de interacción y en consecuencia es cuestionar el mito que conmemora tal ritualización.

Si llegase a ser necesario actuar en este nivel de análisis, hay que contar con mecanismos de compensación, tan convincentes como los que le están siendo cuestionados al grupo. En otras palabras hay que estar prestos a ofrecer al grupo una cosmovisión un tanto más sugerente, que la que se está haciendo abandonar al grupo. Sin embargo, este nivel de análisis, no se recomienda tocar en el procesamiento

18

de una dinámica vivencial, pues al igual que el anterior, se encuentra en el ámbito de competencia de la terapia grupal.

TERCERA DIMENSIÓN

La tercera constante: todo miembro de grupo busca una relación privilegiada con el líder. Lo cual quiere decir que la holgura o estrechez de las relaciones sociales que se puedan dar hacia el interior del grupo son moduladas por la manera en la que el líder, sea este estructural o natural, ejerce su capacidad de influencia en el agrupamiento. Esta búsqueda de relación privilegiada es lo que le permite al líder una mayor facilidad para ejercer su voluntad de gestión.

La dimensión grupal que se demarca con esta tercera constante es la del proceso. Un nivel de análisis, en el cual sí se pueden mover los procesamientos de las dinámicas vivenciales, pero a condición de que el grupo haya superado satisfactoriamente etapas, que desde el punto de vista funcional, corresponderían: a) su formación misma desde la óptica de integrar lo que se suele llamar el grupo psicológico, b) su capacidad de dimensionar y definir problemáticas propias del grupo, ubicadas más allá de la problemática meramente individual, c) su destreza para la solución colectiva y creativa de los problemas que el grupo ya ha tenido oportunidad de definir, y cuyas soluciones implican un avance significativo hacia la consecución de los propósitos grupales, y d) su radicalización en el compromiso que supone la interdependencia que supone la relación individuo-grupo, en el sentido de tener todos los integrantes una capacidad de respuesta ante el inexorable juego de la vida colectiva, en el cual se tiene necesidad de conciliar el cómo el individuo contribuye a la determinación de la conciencia grupal y cómo ésta se le "regresa" ya como sobredeterminación, que le señala los derroteros de su propio comportamiento.

En este nivel de análisis, el facilitador de procesos grupales, encuentra su razón de ser, pues es esta dimensión lo que define su actividad. Desde luego, tiene que estar consciente de que para los grupos, o más bien, para los miembros de los grupos, en esos momentos de las grandes realizaciones significativas que cualquier grupo humano llega a tener, es muchísimo más importante el cómo hacen las cosas, en términos de las interacciones e interrelaciones en las que se desenvuelve el comportamiento, que solamente las cosas que hacen. Esto se debe, entre otras consideraciones, a que la conciencia del grupo gravita sobre los individuos como una necesidad de obligatoriedad observable sólo en el desempeño de las personas como una interiorización de los motivos por los cuales tiene que actuar.

En otras palabras, al no encontrarse afuera de los individuos el objeto del motivo de acción, las personas se tornan particularmente susceptibles hacia todas aquellas acciones que puedan ser percibidas como atentatorias contra la conciencia de lo que "debe" hacer el grupo. A este respecto los grupos suelen reaccionar de dos maneras frente a esta situación: a) cuando el líder no ha descifrado todas las aproximaciones de los miembros en búsqueda de relaciones privilegiadas, en cada una de las situaciones, los integrantes del grupo retroceden o retrotraen su propio proceso de desarrollo grupal, iniciando una cacería de brujas con la cual se intentará encontrar culpables de por qué las acciones no ocurren como "deberían" de suceder (incluso, en algunas ocasiones, en el caso de que el grupo esté alcanzando sus propios resultados prefijados), o b) cuando el líder sí es capaz de descifrar las aproximaciones en búsqueda de privilegios, el grupo se toma el tiempo que se requiera, para revisar el proceso estructurado en las relaciones interpersonales, o sea, los esfuerzos de los miembros del grupo se orientan, curiosamente, a abandonar la percepción del grupo en aras de satisfacer una determinada tarea, para volcar su mirada analítica hacia el interior del espacio grupal, centrándose en el desempeño individual, para evaluar la naturaleza de los impactos que éste suscita en la vida del grupo.

En esta dimensión hay cinco aspectos en los cuales el facilitador de procesos grupales, orienta el análisis de los miembros del agrupamiento en el cual está trabajando. Éstos son:

- *El liderazgo*: En donde el propósito del análisis es el de mostrar a los miembros del grupo cómo puede encausarse la legitimidad del liderazgo justo en la distribución colectiva del mismo, evitando las posibles imposiciones de cualquier miembro, el cual quiera guiar y dirigir todo el tiempo, o el que solamente dos o tres personas compartan el liderazgo para guiar al grupo. El liderazgo significa direccionalidad e intención en el actuar, cuestiones éstas que exigen a todos los miembros del grupo un radical compromiso ante esta responsabilidad que forzosamente comparten.

- *La autocrítica*: La tendencia general de los grupos hacia la consecución de las tareas que el mismo grupo se ha propuesto obtener, la mayor de las veces propicia un desentendimiento del proceso a través del cual se llega a la realización satisfactoria de las tareas, haciendo que el grupo nunca se detenga en el análisis de su forma de trabajo y organización, o dándole poca importancia a los esporádicos señalamientos de alguno de los miembros, a propósito de aquellos elementos que mejorarían el desenvolvimiento del grupo. Lo que el facilitador promueve al analizar este aspecto, es ayudar al grupo a detener la actividad cuando los miembros del grupo lo consideren necesario, para observar el propio funcionamiento del grupo, buscando su perfeccionamiento constante. La autocrítica significa capacidad de distinguir entre el "qué" y el "cómo", entre la tarea y el proceso, en aras de lograr un equilibrio entre esfuerzo y satisfacción, tan significativo como gratificante para todos los miembros del grupo.

- *La solución de problemas*: El desarrollar las habilidades en el análisis de los aspectos de liderazgo y autocrítica, se pueden considerar como prerrequisitos para estudiar y manejar los otros tres aspectos de esta dimensión. El enfrentar problemas conlleva dos momentos en la vida de los grupos y de los individuos, uno, es el identificarlos, y dos, es el dimensionarlos. Pero para que esto ocurra es menester que el grupo cuente con los suficientes elementos de madurez analítica como para soportar la polémica que hacia el interior del agrupamiento suscita el advertir que algo no funciona como es deseable, ya se trate de tareas o de procesos, porque para lograr esta confrontación es indispensable romper con la barrera de la "armonía" que el tiempo ha ido permeando como una mera sensación de beneplácito ante la estabilidad lograda por el organismo. El facilitador tiene que hacer uso de toda su habilidad mayéutica, para inducir al grupo a descubrir una determinada problemática. Eufemismos como "área de oportunidad" para connotar un cierto problema, no nada más no sirven, sino que realmente estorban para sopesar cualquier problemática.

A este respecto, vale la pena recordar que el lenguaje es un código y en tanto código se tiene que ceñir a la demostratividad de sus propios contenidos; en consecuencia sus mayores logros siempre se obtienen a través de definir conceptualmente las áreas en que está operando. De ahí, que se afirme que la solución de problemas se encuentra indisolublemente vinculada a la definición de los problemas.

El facilitador ayuda al grupo a identificar y dimensionar su propia problemática a través de hacer descubrir a los miembros del grupo las definiciones básicas que hacen que emerja el problema a la mirada crítica del grupo, para que pueda ser analizado de forma sistemática antes de proponer cualquier solución; enseñando con esto, que el tiempo que inviertan en este análisis siempre regresa potencializado en las soluciones que se localicen y se lleven a cabo. Todo esto en contraposición a prácticas de análisis parciales y aleatorios y desde luego, a la solución inmediata y sin análisis de problemas.

- *El manejo de conflictos*: Dos son las constantes con las cuales un grupo puede ser inteligible a través de la observación y registro de su dinámica. Por un lado, tenemos el manejo de conflictos, ya sean éstos relativos a las tareas o ya sean referentes a las relaciones socioemocionales que se dan hacia el interior del grupo, y por el otro lado su contrapartida, la consecuente toma de decisiones que implica resolver un conflicto. Aprender a vivir en grupo es en esencia aprender a manejarse entre la decisión y el conflicto, o sea, desenvolverse en la vertiginosa dialéctica de la expresión y el silencio, del optar y el soportar, del mero querer existenciario y de la obligatoriedad que supone la colectivización del comportamiento.

Problema y conflicto grupal suelen presentarse casi como sinónimos, sin embargo, sus fronteras en el contexto grupal son, aunque sutiles, extremadamente claras desde la perspectiva emocional de los integrantes de un grupo. Una habilidad del vivir en grupo es el poder identificar problemas, los cuales siempre suponen tener la necesidad de buscar y encontrar una cierta continuidad a un determinado devenir, la emocionalidad que se deposita en este proceso normalmente se matiza y puede llegar a mesurarse, justo en la medida en que el problema y su solución, aun implicando a los miembros del grupo, éstos se pueden substraer emocionalmente para encontrar la lógica de continuidad del devenir grupo, en tanto que el determinar o predeterminar una secuencia de actuación es el concebir algo que se mantiene fuera del sujeto.

Desde luego, cualquier problema puede virtualmente suscitar un conflicto en los miembros de un grupo, pero este último supone una elevada carga emocional en disputa, justo en la medida en que los intereses de los actores grupales y sus propias perspectivas se enfrentan como francas oposiciones o veladas divergencias, lo cual implica concebir algo que se mantendrá dentro del sujeto, si no media una acción tendiente a distanciar racionalmente el conflicto, y para que esto suceda el facilitador del proceso grupal requiere propiciar actos de autoconciencia por parte de los miembros involucrados en el conflicto.

Enseñar a un grupo a manejar sus propios conflictos es propiamente el objetivo de las dinámicas vivenciales. Mostrar cómo se solventa la conflictividad de la acción humana es la labor del facilitador de procesos grupales. Pero, hay que entender que mostrar no se comprende como el dar recetas, o proponer cursos de acción que indefectiblemente conlleven la "mágica" solución del conflicto. Antes bien, mostrar, en este caso, quiere decir eso: señalar los caminos posibles para que los miembros del grupo opten por confrontar sus conflictos intragrupales.

El facilitador puede hacer evidente, merced al procesamiento de una dinámica vivencial, aquellos conflictos que surgieron en el grupo causando tensión y para los cuales no hubo un intento de solución por parte de los miembros del grupo, también puede advertir que el no percibir ni experimentar conflicto alguno puede ser una peligrosa ilusión para la supervivencia del grupo, porque la "armonía" no garantiza el crecimiento ni el desarrollo del grupo. El facilitador tiene que demostrar que sólo cuando el grupo es capaz de enfrentar asertivamente sus conflictos en búsqueda de soluciones satisfactorias para sus integrantes, éste logra trascender el somero gregarismo en que los agrupamientos humanos se suelen desenvolver, para alcanzar las categorías fundamentales de la sociabilidad: un conocimiento extremadamente exigente, en lo referente a las cuotas de autoconciencia que hay que invertir en él.

- *La toma de decisiones*: El otro eje por el cual transcurre la vida de un grupo es el que se forma en el equilibrio dinámico de todas las acciones grupales tendientes a tomar decisiones. Es en este aspecto que la búsqueda de relaciones privilegiadas con el líder por parte de los miembros, adquiere toda su relevancia y significado. Es en el decidir grupal, que los privilegios se hacen notar.

La labor que tiene que desplegar el facilitador en los procesamientos de las dinámicas vivenciales, adquiere toda su relevancia, cuando logra mostrar al grupo la interacción que llevó a los miembros a tomar decisiones grupales. Favoreciendo aquellas decisiones que al tomarse, los miembros del grupo mostraron un genuino interés por lograr la unanimidad y el consenso; y propiciando el análisis crítico del grupo cuando las decisiones fueron tomadas a través de votaciones (mayorías), sin dar importancia a los inconformes (minorías), o lo que hay que estudiar con mayor énfasis, cuando fueron tomadas las decisiones por una minoría y fueron impuestas a los demás.

En este aspecto de la toma de decisiones en grupo, se resume, de manera por demás concentrada, toda la problemática de los procesos de individualización y sociabilidad: binomio indisoluble del concepto de lo humano. A este respecto, el facilitador debe estar bien pertrechado con un marco conceptual sobre el decidir, que le permita ayudar a los miembros de un grupo a comprender los mecanismos por los cuales, al tomar decisiones por consenso y unanimidad, la radicalización de los individuos en los acuerdos grupales adquiere la dimensión de un compromiso ineludible.

La mayor resistencia, con la cual el facilitador se va a topar es el rechazo, a priori, de cualquier inversión de tiempo en el análisis grupal para obtener consenso. Sin embargo, atrás de este rechazo apriorístico, la verdad es que se pueden encontrar otras múltiples razones, como la falta de argumentación sistemática, la incapacidad asertiva, la pobreza expresiva, etc. Pero es aquí donde el facilitador puede incidir positivamente en el grupo.

CUARTA DIMENSIÓN

La cuarta constante: los líderes se mantienen como tales, en la medida en que dispensa a su discreción ciertos privilegios a determinados miembros del grupo. Los integrantes de los agrupamientos sociales al interiorizar, ya sea su sentimiento de pertenencia al grupo, o ya sea su sentido de vinculación a un grupo determinado, se vuelven particularmente sensibles a tres instancias conceptuales que se dan estrictamente con carácter simultáneo, a través de las cuales se realizan las acciones del grupo, a saber: la participación, la no directividad y la democratización. Estas tres instancias, en tanto consideraciones conceptuales, son abstracciones que experimentan de la manera más concreta los miembros de un grupo como fuerzas impulsoras o restrictivas en el momento del desempeño individual, pues éstas son las que definen el clima del agrupamiento, ya que la participación, la no directividad y la democratización, son la manifestación ostensible y concreta del viejo anhelo, siempre presente en lo humano, de la reciprocidad social.

En esta dimensión los grupos vivencian sus realizaciones con la conciencia comparativa del mundo extragrupo. Por un lado, se confrontan los resultados con los de otros agrupamientos y se tasan como adecuados o inadecuados. Es este contacto con el mundo extragrupo la fuerza que se constituye en acuciosa y perentoria exigencia de participación integral de todos los miembros del grupo, cuestionando severamente a todos aquellos que muestran algún dejo de reticencia ante el compromiso de participar genuinamente.

Por otro lado, los miembros del grupo perciben los señalamientos de dirección, de cualquier índole, como asuntos que deben ser revisados merced a la participación de los miembros; los integrantes del grupo se vuelven muy exigentes y susceptibles, tanto como la democratización del grupo haya avanzado. Y aquí democracia se comprende como la capacidad de un grupo a llegar a acuerdos por consenso, que no por votación o imposición mayoritaria, o manipulación minoritaria, etc.

Un grupo que se ha desarrollado en la democracia consensual, genera sujetos contestatarios y altamente confrontadores, ante cualquier viso de autoritarismo. Por eso es que el líder estructural del grupo, en este caso el facilitador de procesos grupales, tiene que ser particularmente prudente en el manejo de su influencia, para que el grupo alcance sus resultados. Esta influencia se sustenta en el poder que el líder obtiene a través de discretamente dispensar los privilegios que los miembros del grupo constantemente estarán buscando. Y quisiéramos dejar claro que esta dispensa de privilegios de ninguna de las maneras es evidente abiertamente, ni burda. Es prácticamente un metalenguaje que el líder va descubriendo en la medida que avanza el desarrollo del grupo. Son los lazos que se van tendiendo, como una red informal, por medio de la cual los miembros se vinculan con el líder y entre ellos mismos. Red que se torna en lo más relevante para todos los miembros, desde el punto de vista de su significado emocional que para los individuos tienen estas ligas entre personas, quedando, curiosamente, las tareas o finalidades del grupo en un segundo plano.

Ésta es una de las dimensiones en que más se trabaja el procesamiento de las dinámicas vivenciales con mucha frecuencia, por tratarse de un nivel de análisis que no resulta amenazante para los miembros de un grupo y sí muy práctico, porque sus conclusiones fácilmente pueden ser trasladadas a condiciones reales, con poco esfuerzo.

En esta dimensión también existen cinco aspectos a través de los cuales el líder puede ayudar al grupo en el perfeccionamiento de su análisis de la participación de los miembros del grupo, pues es por medio de este análisis que se incrementa la tolerancia y la justipreciación de los méritos y estilos de aportación entre los partícipes del agrupamiento. Estos aspectos son:

- *La comunicación*: Se entiende por este término la capacidad que tienen los individuos para compartir significados. Aparentemente todos los individuos se comunican, sin embargo, en la dinámica de un pequeño equipo de trabajo, se hace evidente que esto no sucede como todo mundo da por sentado. Es extremadamente fácil que en un grupo sólo una persona hable, o que algunos miembros acaparen la plática todo el tiempo y el objetivo del facilitador de procesos grupales es que todos los integrantes del mismo se comuniquen igual.

  Para que esto ocurra, es indispensable que los miembros del grupo, se den entre sí una misma talla de interlocutores. Si existen diferencias significativas entre los miembros, difícilmente puede darse la interaceptación y en consecuencia, el reconocimiento de méritos y estatus personales, preámbulo básico para poseer una percepción individualizada de cada uno de los miembros y con ello ser a su vez, percibido por los copartícipes de forma recíproca, condición fundamental de una genuina comunicación intragrupal.

- *La interacción*: Se entiende por este término la capacidad de ordenar, sistematizar y organizar la acción colectiva, con el deliberado propósito de alcanzar un fin común. En los grupos, la interacción tiene su origen en el esfuerzo de los miembros orientado a ir generando una clara diferenciación entre los roles, estatus y personalidades de los integrantes, lo cual propicia una estatura psicológica específica para cada sujeto y un reconocimiento a sus aportaciones.

Lo que el facilitador hace a este respecto, es el mostrar los caminos por los cuales se evitan desempeños poco deseables como el que los miembros no interactúen casi nada entre sí, o que se formen pequeños subgrupos de interacción. Lo que se tiene que aprender es la manera de asegurar un alto nivel de interacción de todos los miembros del grupo, basada en una actuación en donde las aportaciones de los integrantes guarda un profundo sentido de reciprocidad.

- *La colaboración*: Se suele entender por este término el trabajar con una o más personas en obras comunes en las que especialmente destacan las aportaciones individuales de ingenio y creatividad. El colaborar en un grupo implica necesariamente el contribuir de forma constante, en el mantener el devenir del propio grupo buscando y encontrando soluciones de continuidad al hacer colectivo, para lo cual es menester de toda la capacidad innovadora de los miembros.

Propiciar la creatividad en un grupo es lograr que todos los miembros trabajen de forma colaborativa y coordinadamente aprovechando las contribuciones de cada quien, evitando que sólo algunos participen colaborando entre sí, o lo que es peor, que cada quien trabaje para sí mismo y no para el grupo. El facilitador tiene que lograr que aparezca de forma evidente, el deseo de llegar a finalidades comunes, asumidas como objetivos del grupo, pero que respondan a los diferentes intereses de los miembros, para que puedan ser valorizados por ellos y en consecuencia se despierte el interés para que el ingenio emerja de manera espontánea.

- *La participación*: Tomar parte en una determinada acción colectiva, plantea una condición básica, que la contribución sea tomada en cuenta y que ésta sea significativa. Hacer que todos los miembros del grupo, participen con aportaciones y posiciones igualmente relevantes para las tareas y procesamientos grupales, es la tarea que el facilitador logra cuando destaca aquellas aportaciones poco enriquecedoras, o aquellas aportaciones que, aunque valiosas para el grupo, son producto de unos cuantos individuos.

  En este destacar las aportaciones pobres o centradas en unos cuantos, una de las cosas más difíciles a evitar, es el no caer en el demérito o exhibición de alguien. Lo cual no quiere decir que no se confronten estas situaciones en el grupo, pero sí el advertir que hay que hacerlo con mucho cuidado, siempre apelando al desarrollo de la madurez grupal. Porque, finalmente, la participación sólo se asegura en la medida en que se dispone de las condiciones en las cuales es posible que las personas puedan libremente optar por comprometerse.

- *La integración*: Cuando se da espontáneamente una firme interdependencia en los miembros de un grupo y un arraigado sentimiento de solidaridad que une emocionalmente a los integrantes, incluso, fuera de las reuniones y acciones comunes, entonces se está hablando de una real integración. Para que ésta se diera, fue necesario que existiera una variedad de relaciones afectivas más o menos intensas que tuvieron que ser procesadas y digeridas por los miembros del grupo, lo cual redundó en enriquecimiento de los individuos, en términos de sus repertorios de respuestas emocionales y racionales. La cohesión de un grupo se arma a partir de sus construcciones normativas de carácter autorregulador, en el fondo, se sabe que se está haciendo alusión a los contenidos tácitos de la idea del hombre que ha sido establecida previamente, porque esta normatividad supone creencias, signos, símbolos y ritualizaciones propias y exclusivas de cada grupo humano.

El facilitador debe ayudar al grupo a evitar las acciones que conlleven la desintegración y la falta de compromiso o la relatividad cohesiva de las formalidades cuyos lazos son muy débiles. En consecuencia, tiene que favorecer todo aquello que al grupo le facilite el crear lazos fuertes y compactos, con los cuales se dé una real integración.

Estas características del comportamiento de los grupos en esta dimensión de la participación, es muy visible en todos los agrupamientos sociales y, sin duda, se reviste de una cierta fascinación al observarlos en el entorno cotidiano. Pero se erigen como condiciones a satisfacer, cuando se le suministra a este comportamiento grupal un contenido educativo, pues este trabajar frente a frente, cara a cara, entre individuos que están participando en un esfuerzo cognitivo común, produce un rápido y sorprendente aprendizaje, si se cumple con las condiciones de la participación consciente.

QUINTA DIMENSIÓN

Todo grupo humano se basa en un acuerdo (contrato) social, mantener discretamente custodiada esta información, es la forma en que se conserva e incrementa su fuerza cohesiva, divulgarla indiscriminadamente es dilapidar su fortaleza, hasta la dispersión y extinción del propio grupo.

Ésta es la dimensión que le da contorno y perímetro al agrupamiento social, como un límite al mundo extragrupo, tan frágil como resistente, en relación directa a la calidad y claridad de la percepción que los miembros del grupo tengan de sí mismos en tanto conjunto humano único e irrepetible. El *feed-back* o retroinformación o retroalimentación, es la capacidad que tiene un grupo de mantener su información, en tanto contenidos significativos, reservada a la mirada indiscreta del mundo extragrupo. Es información sólo para los miembros del grupo, tanto por su carácter de intimidad y confidencialidad, como por su carácter de direccionalidad del mismo grupo, porque es en esta capa de protección en donde se encuentran las señales claras y evidentes de adónde quiere ir el grupo, lo que permite el destacar todo comportamiento individual que describa una desviación relevante con respecto al objetivo grupal.

Toda desviación del desempeño individual, normalmente es tratada en la intimidad del grupo (la ropa sucia se lava en casa). Cuando esta capacidad de procesamiento se deteriora en cualquier grupo humano, o incluso es inexistente, el agrupamiento tiende a desaparecer; los motivos de este deterioro pueden encontrarse, entre otros aspectos, en relación directa a la combinación de objetivos individuales con los objetivos del grupo, pues esta relación le proporciona valor y sentido a la acción personal.

Así tenemos, con la retroalimentación, dos funciones claras que asume el grupo como autorregulación básica: por un lado, salvaguarda la información del conjunto humano, atribuyéndole especificidad a un perfil de un determinado "nosotros" y por el otro, ayuda a corregir desempeños individuales, en función de los objetivos grupales. Es pues, la dimensión en donde se cataliza la información y se corrige direccionalidad.

La forma con la que normalmente se pone en marcha este mecanismo son verbalizaciones solicitadas entre los miembros de un grupo. Aquí es importante hacer notar que la retroalimentación sólo puede dar sus mejores frutos en el contexto grupal. Porque esta dimensión constituye por sí sola un mecanismo que no es solamente una corroboración de información, como los modelos matemáticos de comunicación pretenden hacer creer; eso en el mejor de los casos es una simple verificación de mensajes. El *feed-back* es bastante más que eso: es lo que propiamente engloba al conjunto humano dándole su carácter que se suele entender desde la perspectiva de esa noción seudoconceptual de corte empírico que es la palabra grupo.

Quizá la función más importante del facilitador de procesos grupales, es la de mostrar los caminos adecuados para que los participantes de un grupo aprendan a darse *feed-back*. Si logra esto, automáticamente logra también el hacer aparecer la noción del "nosotros", con la cual cualquier tipo de tarea, sea ésta de aprendizaje, o sea ésta de trabajo, puede aspirar a alcanzar una realización sinergética.

Esta dimensión es en la que se suele trabajar más en los grupos de entrenamiento, toda dinámica vivencial orientada a la ruptura de hielo se procesa en este nivel de análisis, algunas muy someras aproximaciones de comunicación intra e intergrupal también. Y en general todas las que no exijan una fuerte autoexposición a los integrantes de los grupos.

Lo que el facilitador tiene que enseñar es, el distinguir entre lo que es la retroalimentación y lo que se suele entender como crítica a la persona, cuestión que suele confundirse con bastante frecuencia. Tiene que hacer evidente, a los ojos de los participantes de los grupos, el valor que posee la retroalimentación, para mejorar la interacción personal y desenvolver la actividad grupal haciendo que se manejen las crisis y asperezas. Desde luego, que debe ayudar a los participantes a vencer el temor a ser francos y sinceros, comportamiento que normalmente es penalizado severamente en el contexto social cotidiano.

En esta dimensión, desde la cual trabajan los líderes estructurales, la actividad que se fomenta es la del intercambio de percepciones de los miembros de un determinado grupo, haciendo énfasis en que el "yo pienso" y el "yo siento" son igualmente válidos para asegurar el cumplimiento de las finalidades del grupo. No obstante, es recomendable que el facilitador insista en ciertas características que generan una retroalimentación productiva y que forman parte del mejor entrenamiento que se le puede dar a una persona para poder aprovechar integralmente sus experiencias grupales, para su mayor beneficio y crecimiento personal.

Hay dos tipos de características, las de recepción de retroalimentación y las de dar retroalimentación. Normalmente se le da mucho énfasis a las características de dar retroalimentación. Sin embargo, la experiencia demuestra que las personas que saben recibir la retroalimentación, desarrollan una mayor habilidad para darla correctamente.

Dentro de las características de la recepción de retroalimentación, destacan por su importancia:

a) *El solicitar con frecuencia retroalimentación de los demás.*

El ejemplo y el modelaje de comportamientos deseables son la mejor forma de que un grupo empiece a usar sistemáticamente la retroalimentación. Los hábitos mentales y los prejuicios en la interacción con los demás son la materia prima de la retroalimentación; la percepción individual es limitada y el grupo puede ayudar al sujeto y al conjunto de personas, como caja de resonancia que les permitan reflexionar.

b) *El decir cuál es la información que concretamente le interesa.*

Las vaguedades no ayudan a la retroalimentación, porque éstas conllevan opiniones personales que se acercan demasiado al juicio de valor, o a la inconsistencia argumentativa, poniendo en una situación difícil tanto al que recibe como al que da la retroalimentación. Sin embargo, esto no quiere decir que lo específico y particular no pueda y deba ser elevado a la generalidad, a través del procesamiento reflexivo del grupo.

c) *El evitar la justificación, la defensa y el contraataque.*

Cuando se revisa un comportamiento, que a los ojos de otra u otras personas no es deseable para el logro de los objetivos del grupo, espontáneamente aparece en el sujeto una natural racionalización, eso no es posible evitarlo; pero lo que sí es posible evitar es la verbalización de esta racionalización. Ya que ésta, necesariamente caería en justificaciones, defensas o contraataques, lo cual impide el que se interioricen las señales e indicadores que demandan ser recibidas. Nadie obliga a nadie a cambiar en la retroalimentación, sólo se comparten percepciones.

d) *El examinar la relevancia de las percepciones.*

Analizar la retroalimentación recibida es la base de su efectividad. El análisis permite identificar el área en la que el comportamiento está causando perturbaciones al grupo o alguno de sus miembros. Localizar las afecciones y optar (libremente) por modificar las causas que la provocan es la finalidad de la retroalimentación. Estas áreas son dos: comportamientos que afectan a la realización de las tareas o que afectan las relaciones socioemocionales (proceso).

e) *El verbalizar las reacciones emocionales.*

Plantear ante las personas que dieron la retroalimentación, los impactos emocionales que ésta ocasionó, es fundamental como ejemplo de recepción. Con ello se muestra, vívidamente, que la retroalimentación es manejable desde el punto de vista emocional. Obviamente no se trata de recriminar a nadie, sino de reconocer que un diálogo franco y sincero siempre es beneficioso y liberador para los involucrados y productivo para el grupo. Que ése es el único camino que asegura el clima de trabajo a largo plazo.

Dentro de las características para dar retroalimentación, destacan por su importancia:

a) El describir comportamientos es más productivo para el grupo, que evaluarlos.

b) El ser específico ayuda a concretar aquellos rasgos del comportamiento que no contribuyen al logro de los objetivos.

c) El cuidar que se mantenga abierta la comunicación, tanto en el que recibe como en el que da la retroalimentación.

d) El expresar directamente los sentimientos que provoca el comportamiento determinado en vez de buscar figuras retóricas poco claras.

e) El no pedir cambios imposibles, es fundamental para que la retroalimentación pueda tener éxito. No se trata de presionar al cambio.

f) El ser oportuno en la ocasión y el lugar, porque gran parte de la efectividad de la retroalimentación, se da a condición de que ésta no se posponga.

g) El aseguramiento de que el dar retroalimentación no va a bloquear futuras interacciones, es la base para poder contar con este mecanismo constantemente.

Para cada grupo los temas que se tratan en los momentos y espacios de retroalimentación, son únicos e irrepetibles, por eso es que el procesar esta experiencia crea un conocimiento colectivo, que para cada miembro del agrupamiento se transformará en parámetros que puede trasladar a otros grupos de su referencia, consiguiendo con esto una mayor habilidad en adaptación y aprovechamiento de sus recursos.

Como conclusión de este modelo dimensional, llegamos a las siguientes consideraciones:

a) La constitución de un grupo es un proceso que se da de las capas internas a las perimetrales y que la desaparición de un grupo se da a partir del deterioro de las capas exteriores hacia las nucleares.

b) La posibilidad de influir en el desenvolvimiento de un grupo está dada en relación a contar con poder introducir elementos decisivos en las tres primeras capas a partir de la exterior, pues los grupos, ya formados, difícilmente permiten una mayor intromisión de extraños hacia el interior de sus capas más íntimas.

c) De ocurrir una intromisión directa en las capas nucleares la tendencia de los grupos, sería de alta protección, quedando anulado el extraño que se atreviese a ello.

d) Los facilitadores de procesos grupales, orientados a las tareas de aprendizaje, trabajan fundamentalmente en las tres primeras capas o dimensiones, la de la retroalimentación, la de la participación y la del proceso, pero cuidando el ritmo de cohesión que va alcanzando el grupo, en el tiempo y en el espacio de entrenamiento.

e) Las constantes en las cuales se basa la explicación de este modelo, se encuentran permanentemente en cualquier grupo y es recomendable tenerlas siempre presentes para poder auxiliar a los miembros de los grupos en los cuales se está operando.

Alejandro Acevedo Ibáñez
Chimalistac, 1991.

ÍNDICE
ANALÍTICO

— — — — —

MANEJO DE CONFLICTOS

Ejercicio	Usos	Duración: mins.	Tamaño del Grupo	Pág.
El Saco Ciego	Sirve para distinguir entre proceso y tarea, y los conflictos que se derivan de la relación de estos términos.	120	18 - 20 personas	84
La Carta Anónima	Ayuda a descubrir conflictos, en un grupó en el cual no han logrado ser verbalizados.	60	20 personas	111
El que se Enoja Pierde	Ayudar a otros a reconocer las situaciones que les provoca enojo.	30	12 - 15 personas	132
Juguemos a Decir Mentiras	Ayuda a aclarar los propios pensamientos expresando lo	5	20 personas	150

MANEJO DE CONFLICTOS

Ejercicio	Usos	Dura-ción: mins.	Tamaño del Grupo	Pág.
	contrario de lo que se siente.			
La Magia del Poder	Permite tener una vivencia acerca de las relaciones conflictivas entre las clases sociales, en una sociedad de acumulación individual de la riqueza.	120	21 personas	163
Observación y Registro	Estimular el perfeccionamiento de la observación y registro, en beneficio de una mayor objetividad analítica.	90	16 personas	170
Poemas	Permite experimentar las condiciones de interacción necesarias para la solución creativa del problema.	90	Ilimitado	204

MANEJO DE CONFLICTOS

Ejercicio	Usos	Dura-ción: mins.	Tamaño del Grupo	Pág.
Supervivencia en los Andes	Permite observar el comportamiento individual en la toma de decisiones que implica poner en juego la valorativa personal.	45	20 personas	225

COMPETENCIA

El Saco Ciego	Sirve para distinguir entre proceso y tarea, y los conflictos que se derivan de la relación de estos términos.	120	18 - 20 personas	84
Pasabolas	Permite observar la relación entre la complejidad de actividades y la cohesión del grupo.	90	18 - 20 personas	100

COMPETENCIA

Ejercicio	Usos	Dura-ción: mins.	Tamaño del Grupo	Pág.
Vuela Papalote, Vuela	Proporciona elementos conductuales para que un grupo, se dé retroalimen-tación.	120	20 personas	194

COMUNICACIÓN INTERGRUPAL

Ejercicio	Usos	Dura-ción: mins.	Tamaño del Grupo	Pág.
. . . Con los Brazos Cruzados	Destaca el efecto emo-cional que provocan los cambios.	20	20 personas	78
Pasabolas	Permite ob-servar la re-lación entre la compleji-dad de activi-dades y la cohesión del grupo.	90	18 - 20 personas	100
La Carta Anónima	Ayuda a des-cubrir con-flictos, en un grupo en el cual no han logrado ser verbalizados.	60	20 personas	111
Juntos en el Borde	Integra a los grupos de trabajo, en base al estu-	120	20 personas	114

COMUNICACIÓN INTERGRUPAL

Ejercicio	Usos	Duración: mins.	Tamaño del Grupo	Pág.
	dio de la actuación individual.			
. . . Más bien Soy. . .	Establecer una ruptura de hielo, basada en la confianza y la interpretación de los miembros del grupo.	30	20 personas	116
Manejo de un Incidente	Permite demostrar que la percepción y observación de factores subjetivos, contribuye al análisis del modo de funcionamiento de la percepción social.	60	Ilimitado	123
Sin Preguntas	Enfatizar la responsabilidad que se adquiere al expresar una idea.	1 día	12 - 15 personas	131
El que se Enoja Pierde	Ayudar a otros a reconocer las si-	30	12 - 15 personas	132

COMUNICACIÓN INTERGRUPAL

Ejercicio	Usos	Duración: mins.	Tamaño del Grupo	Pág.
	tuaciones que les provoca enojo.			
Conversación en Grupos	Desarrolla un clima compatible y que facilita la interacción del grupo para compartir experiencias personales.	Dependerá de las necesidades del grupo	12 o más personas	151
Crítica y Autocrítica	Permite dar y recibir (feedback) sobre diferentes comportamientos a lo largo del proceso grupal.	10 - 12	20 personas	154
Agenda de Discusión	Permite entender la necesidad de escuchar en la discusión.	45	20 personas	157
Observación y Registro	Estimular el perfeccionamiento de la observación y registro, en beneficio de una mayor objetividad analítica.	90	16 personas	170

COMUNICACIÓN INTERGRUPAL

Ejercicio	Usos	Duración: mins.	Tamaño del Grupo	Pág.
Manipulación	Desarrollar el autoconocimiento de las sutilezas del proceso de interacción social.	45	12 - 16 personas	173
Vuela Papalote, Vuela	Proporciona elementos conductuales para que un grupo, se dé retroalimentación.	120	20 personas	194
Prosopón	Explora el juego de papeles que las personas suelen realizar con sus semejantes.	45	12 - 14 personas	200
Todos Juntos y a Tiempo	Permite el experimentar la sinergia de grupo como búsqueda comprometida de equilibrio de todos sus integrantes.	90	Ilimitado	202
Saltar a la Confianza	Sensibilizar al grupo sobre los problemas de la toma de	30	16 - 20 personas	239

COMUNICACIÓN INTERGRUPAL

Ejercicio	Usos	Dura-ción: mins.	Tamaño del Grupo	Pág.
	decisiones en base a datos equívocos.			

COMUNICACIÓN INTERPERSONAL

Ejercicio	Usos	Dura-ción: mins.	Tamaño del Grupo	Pág.
. . . Con los Brazos Cruzados	Destaca el efecto emocional que provocan los cambios.	20	20 personas	78
Cuadrado	Permite al grupo descubrir algunas condiciones de la interacción humana.	45	12 - 20 personas	80
El Limonero	Proporcionar elementos de reflexión en la búsqueda de rasgos y características tanto en personas como en objetos.	45	20 personas	96
Habilidades Heterosociales	Aumentar la conciencia de los valores sociales y de cómo éstos pueden inter-	120	12 - 16 personas	103

COMUNICACIÓN INTERPERSONAL

Ejercicio	Usos	Duración: mins.	Tamaño del Grupo	Pág.
	ferir entre individuos y grupos.			
La Representación Gráfica	Permite tratar de comprender a los demás en forma no verbal.	120	10 personas	113
Banderas	Propiciar una exploración sobre la clarificación de valores por medio de la interpretación creativa de significantes.	2 - 3 horas	20 personas	119
Sin Preguntas	Enfatizar la responsabilidad que se adquiere al expresar una idea.	1 día	12 - 15 personas	131
Compañía "A B C"	Analizar el comportamiento de los colaboradores ante diferentes tipos de liderazgo.	40	24 personas	134

COMUNICACIÓN INTERPERSONAL

Ejercicio	Usos	Duración: mins.	Tamaño del Grupo	Pág.
Triadas de Consultoría	Propicia una práctica de consultoría "uno a uno", en la que se pueden descubrir talentos no aprovechados.	120	20 personas	138
Juguemos a Decir Mentiras	Ayuda a aclarar los propios pensamientos expresando lo contrario de lo que se siente.	5	20 personas	150
Fotoproyección	Sirve para descubrir cómo cada persona se expresa, según su propia historia.	20	Ilimitado	155
Agenda de Discusión	Permite entender la necesidad de escuchar en la discusión.	45	20 personas	157
Identificación Sensorial	Sirve para observar los comportamientos de liderazgo,	90	Ilimitado	159

COMUNICACIÓN INTERPERSONAL

Ejercicio	Usos	Dura-ción: mins.	Tamaño del Grupo	Pág.
	indiferencia y participación.			
Mis Zonas Ocultas	Permite un conocimiento personal acerca de la percepción que el grupo tiene de uno.	60	15 - 20 personas	161
Manipulación	Desarrollar el autoconoci-miento de las sutilezas del proceso de interacción social.	45	12 - 16 personas	173
Primeras Impresiones	Reflexionar sobre la im-portancia de la primera impresión.	60	6 - 12 personas	188
Poemas	Permite ex-perimentar las condicio-nes de in-teracción ne-cesarias para la solución creativa del problema.	90	Ilimitado	204
Historieta	Propiciar una autorrevela-	60	16 - 20 personas	237

COMUNICACIÓN INTERPERSONAL

Ejercicio	Usos	Dura-ción: mins.	Tamaño del Grupo	Pág.
	ción prelimi-nar, para facilitar el conocimiento intragrupal.			
Saltar a la Confianza	Sensibilizar al grupo sobre los problemas de la toma de decisiones en base a datos equívocos.	30	16 - 20 personas	239

DESARROLLO DEL CONOCIMIENTO GRUPAL-INTEGRACIÓN

Ejercicio	Usos	Dura-ción: mins.	Tamaño del Grupo	Pág.
. . . Con los Brazos Cruzados	Destaca el efecto emo-cional que provocan los cambios.	20	20 personas	78
Cuadrado	Permite al grupo descu-brir algunas condiciones de la interac-ción humana.	45	12 - 20 personas	80
El Saco Ciego	Sirve para distinguir en-tre proceso y tarea, y los conflictos que se deri-van de la re-	120	18 - 20 personas	84

DESARROLLO DEL CONOCIMIENTO
GRUPAL-INTEGRACIÓN

Ejercicio	Usos	Dura-ción: mins.	Tamaño del Grupo	Pág.
	lación de estos términos.			
Pentatrón	Sensibiliza a los partici-pantes en la percepción de las etapas del comporta-miento indi-vidual ante la involucración en tareas grupales.	120	4 - 5 personas	89
Pasabolas	Permite ob-servar la re-lación entre la compleji-dad de activi-dades y la cohesión del grupo.	90	18 - 20 personas	100
El Escultor	Permite ex-presar en for-ma simbólica, las propias emociones manipulando la materia viva del grupo.	40	10 personas	112

DESARROLLO DEL CONOCIMIENTO
GRUPAL-INTEGRACIÓN

Ejercicio	Usos	Duración: mins.	Tamaño del Grupo	Pág.
Juntos en el Borde	Integra a los grupos de trabajo, en base al estudio de la actuación individual.	120	20 personas	114
Conversación en Grupos	Desarrolla un clima compatible y que facilita la interacción del grupo para compartir experiencias personales.	Dependerá de las necesidades del grupo	12 o más personas	151
Cuerda y Paliacates	Explora la voluntad colectiva orientada hacia la cohesión grupal.	45	25 - 26 personas	178
Cohesión y Dispersión	Propicia la retroalimentación (feedback) en un grupo, minimizando la sensación de amenaza.	90	18 personas	182
Vuela Papalote, Vuela	Proporciona elementos conductuales para que un grupo se dé retroalimentación.	120	20 personas	194

DESARROLLO DEL CONOCIMIENTO
GRUPAL-INTEGRACIÓN

Ejercicio	Usos	Duración: mins.	Tamaño del Grupo	Pág.
La Carrera y la Meta	Permite analizar las tensiones y sentimientos que provocan el desempeño individual en el contexto grupal.	60	20 personas	196
Prosopón	Explora el juego de papeles que las personas suelen realizar con sus semejantes.	45	12 - 14 personas	200
Todos Juntos y a Tiempo	Permite el experimentar la sinergia de grupo como búsqueda comprometida de equilibrio de todos sus integrantes.	90	Ilimitado	202
Un Círculo de Amigos	Propicia la confianza inicial entre los miembros de un grupo.	90	48 personas	207

DESARROLLO DEL CONOCIMIENTO
GRUPAL-INTEGRACIÓN

Ejercicio	Usos	Dura-ción: mins.	Tamaño del Grupo	Pág.
El Cuerpo	Ayuda a identificar los principales tabúes que impiden una comprensión integral del cuerpo huma-no y su im-pacto en la percepción de la comuni-cación no verbal.	120	20 personas	220
Supervivencia en los Andes	Permite ob-servar el comporta-miento indi-vidual en la toma de deci-siones que implica poner en juego la valorativa personal.	45	20 personas	225
Entrar al Aro	Explora las posibilidades reales del efecto pigma-lión a través de la acción cooperativa	45	20 personas	230

DESARROLLO DEL CONOCIMIENTO
GRUPAL-INTEGRACIÓN

Ejercicio	Usos	Dura-ción: mins.	Tamaño del Grupo	Pág.
	de un grupo dirigido a una persona.			
Casa, Cisne y Flor	Permite explorar la mecánica del intercambio social en tanto desviaciones hacia la cooperación o el dominio.	30 - 60	16 - 20 personas	233
Deslizándonos Juntos	Permite observar las conductas que tienden al liderazgo.	120	20 personas	244

LIDERAZGO

Ejercicio	Usos	Dura-ción: mins.	Tamaño del Grupo	Pág.
Cuadrado	Permite al grupo descubrir algunas condiciones de la interacción humana.	45	12 - 20 personas	80
Dale una Estrella a tu Jefe	Propiciar la retroalimentación para mejorar el es-	30	24 personas	107

LIDERAZGO

Ejercicio	Usos	Dura-ción: mins.	Tamaño del Grupo	Pág.
	tilo de li-derazgo.			
Juntos en el Borde	Integra a los grupos de trabajo, en base al estu-dio de la ac-tuación individual.	120	20 personas	114
Pescados	Permite al grupo una experiencia de liderazgo surgida en una situación desconocida.	30	30 personas	121
Compañía "A B C"	Analizar el comporta-miento de los colaboradores ante diferen-tes tipos de liderazgo.	40	24 personas	134
Identificación Sensorial	Sirve para observar los comporta-mientos de li-derazgo, indiferencia y participación.	90	Ilimitado	159
Supervivencia en el Bosque	Explora la aplicabilidad del concepto	90	20 personas	209

LIDERAZGO

Ejercicio	Usos	Duración: mins.	Tamaño del Grupo	Pág.
	de sinergia, en relación a la obtención de decisiones grupales.			
Modelos Históricos	Desarrollar la habilidad en la determinación y elaboración de patrones abstractos de comportamiento.	60	10 - 20 personas	227
Casa, Cisne y Flor	Permite explorar la mecánica del intercambio social en tanto desviaciones hacia la cooperación o el dominio.	30 - 60	16 - 20 personas	233
Saltar a la Confianza	Sensibilizar al grupo sobre los problemas de la toma de decisiones en base a datos equívocos.	30	16 - 20 personas	239
Largo, Picudo y con Pestañas	Propicia la reflexión sobre la jerar-	Depende de la pro-	20 personas	241

LIDERAZGO

Ejercicio	Usos	Duración: mins.	Tamaño del Grupo	Pág.
	quización de las órdenes en las organizaciones.	fundidad con que se maneje el análisis		
Deslizándonos Juntos	Permite observar las conductas que tienden al liderazgo.	120	20 personas	244

RETROINFORMACIÓN

Ejercicio	Usos	Duración: mins.	Tamaño del Grupo	Pág.
Escala de Poder	Propicia la retroalimentación sobre la mejor forma en que se deben aplicar estímulos hacia el trabajo.	65	20 personas	75
El Limonero	Proporcionar elementos de reflexión en la búsqueda de rasgos y características tanto en personas como en objetos.	45	20 personas	96

RETROINFORMACIÓN

Ejercicio	Usos	Dura-ción: mins.	Tamaño del Grupo	Pág.
Habilidades Heterosociales	Aumentar la conciencia de los valores sociales y de cómo éstos pueden interferir entre individuos y grupos.	120	12 - 16 personas	103
Dale una Estrella a tu Jefe	Propiciar la retroalimentación para mejorar el estilo de liderazgo.	30	24 personas	107
El Escultor	Permite expresar en forma simbólica, las propias emociones manipulando la materia viva del grupo.	40	10 personas	112
La Representación Gráfica	Permite tratar de comprender a los demás en forma no verbal.	120	10 personas	113
Banderas	Propiciar una exploración sobre la clari-	2 - 3 horas	20 personas	119

RETROINFORMACIÓN

Ejercicio	Usos	Duración: mins.	Tamaño del Grupo	Pág.
	ficación de valores por medio de la interpretación creativa de significantes.			
Cambio y Crecimiento Personal	Identificar las fuerzas y debilidades, para lograr cambios personales.	60	20 personas	124
Justificando Errores	Permite ilustrar lo difícil y frustrante que resulta para los subordinados explicar la causa del error cuando el supervisor ya ha demostrado en ocasiones anteriores, la tendencia a señalar culpables.	60	24 personas	128
Sin Preguntas	Enfatizar la responsabilidad que se	1 día	12 - 15 personas	131

RETROINFORMACIÓN

Ejercicio	Usos	Dura-ción: mins.	Tamaño del Grupo	Pág.
	adquiere al expresar una idea.			
Atención y Planeación	Medir la capacidad de atenerse a instrucciones escritas.	20	Ilimitado	148
Crítica y Autocrítica	Permite dar y recibir (feedback) sobre diferentes comportamientos a lo largo del proceso grupal.	10 - 12	20 personas	154
Fotoproyección	Sirve para descubrir cómo cada persona se expresa, según su propia historia.	20	Ilimitado	155
Agenda de Discusión	Permite entender la necesidad de escuchar en la discusión.	45	20 personas	157
Manipulación	Desarrollar el autoconocimiento de las sutilezas del	45	12 - 16 personas	173

RETROINFORMACIÓN

Ejercicio	Usos	Dura-ción: mins.	Tamaño del Grupo	Pág.
	proceso de interacción social.			
Cohesión y Dispersión	Propicia la retroalimen-tación (feed-back) en un grupo, mini-mizando la sensación de amenaza.	90	18 personas	182
Primeras Impresiones	Reflexionar sobre la im-portancia de la primera impresión.	60	6 - 12 personas	188
Tarjetas	Facilitar la autocrítica y la imagina-ción de algunas posi-bilidades, en la vida de cada quien.	60	Ilimitado	190
Vuela Papalote, Vuela	Proporciona elementos conductuales para que un grupo se dé retroalimen-tación.	120	20 personas	194
. . . Como la Palma de mi	Permite ver que lo obvio	30	20 personas	198

RETROINFORMACIÓN

Ejercicio	Usos	Dura-ción: mins.	Tamaño del Grupo	Pág.
Mano	puede virtualmente esconder un gran desconocimiento.			
El Cuerpo	Ayuda a identificar los principales tabúes que impiden una comprensión integral del cuerpo humano y su impacto en la percepción de la comunicación no verbal.	120	20 personas	220
Persona, Animal o Cosa	Permite una presentación rápida y significativa de los miembros de un grupo.	45	20 personas	223

RUPTURA DE HIELO/RELAJACIÓN

Ejercicio	Usos	Dura-ción: mins.	Tamaño del Grupo	Pág.
. . . Más bien Soy. . .	Establecer una ruptura de hielo, basada en la confianza y la interpretación de los	30	20 personas	116

RUPTURA DE HIELO/RELAJACIÓN

Ejercicio	Usos	Duración: mins.	Tamaño del Grupo	Pág.
	miembros del grupo.			
Cambio y Crecimiento Personal	Identificar las fuerzas y debilidades, para lograr cambios personales.	60	20 personas	124
Conversación en Grupos	Desarrolla un clima compatible y que facilita la interacción del grupo para compartir experiencias personales.	Dependerá de las necesidades del grupo	12 o más personas	151
Reacción en Cadena	Permite un momento de relajación grupal, para continuar o alargar una sesión de trabajo.	30	20 personas	180
La Canción que Llegó para Quedarse	Propicia un momento de relajación, a través de la risa y la broma.	30	20 personas	186
Primeras Impresiones	Reflexionar sobre la im-	60	6 - 12 personas	188

RUPTURA DE HIELO/RELAJACIÓN

Ejercicio	Usos	Duración: mins.	Tamaño del Grupo	Pág.
	portancia de la primera impresión.			
Presentación Etimológica	Aproxima al participante, al gusto etimológico del lenguaje, en tanto código simbólico.	60	18 personas	192
. . . Como la Palma de mi Mano	Permite ver que lo obvio puede virtualmente esconder un gran desconocimiento.	30	20 personas	198
Un Círculo de Amigos	Propicia la confianza inicial entre los miembros de un grupo.	90	48 personas	207
El Cuerpo	Ayuda a identificar los principales tabúes que impiden una comprensión integral del cuerpo humano y su impacto en la percepción de la comuni-	120	20 personas	220

RUPTURA DE HIELO/RELAJACIÓN

Ejercicio	Usos	Dura-ción: mins.	Tamaño del Grupo	Pág.
	cación no verbal.			
Persona, Animal o Cosa	Permite una presentación rápida y significativa de los miembros de un grupo.	45	20 personas	223
Entrar al Aro	Explora las posibilidades reales del efecto pigmalión a través de la acción cooperativa de un grupo dirigido a una persona.	45	20 personas	230
Proyecto Heráldico	En procesos de planeación de vida y carrera, auxilia para el análisis de valores.	180	16 - 20 personas	235
Historieta	Propiciar una autorrevelación preliminar, para facilitar el conocimiento intragrupal.	60	16 - 20 personas	237

RUPTURA DE HIELO/RELAJACIÓN

Ejercicio	Usos	Duración: mins.	Tamaño del Grupo	Pág.
Saltar a la Confianza	Sensibilizar al grupo sobre los problemas de la toma de decisiones en base a datos equívocos.	30	16 - 20 personas	239

SENSIBILIZACIÓN

Ejercicio	Usos	Duración: mins.	Tamaño del Grupo	Pág.
Habilidades Heterosociales	Aumentar la conciencia de los valores sociales y de cómo éstos pueden interferir entre individuos y grupos.	120	12 - 16 personas	103
. . . Más bien Soy. . .	Establecer una ruptura de hielo, basada en la confianza y la interpretación de los miembros del grupo.	30	20 personas	116
Pescados	Permite al grupo una experiencia de liderazgo surgida en una situación desconocida.	30	30 personas	121

SENSIBILIZACIÓN

Ejercicio	Usos	Duración: mins.	Tamaño del Grupo	Pág.
Manejo de un Incidente	Permite demostrar que la percepción y observación de factores subjetivos, contribuye al análisis del modo de funcionamiento de la percepción social.	60	Ilimitado	123
Justificando Errores	Permite ilustrar lo difícil y frustrante que resulta para los subordinados explicar la causa del error cuando el supervisor ya ha demostrado en ocasiones anteriores, la tendencia a señalar culpables.	60	24 personas	128
Triadas de Consultoría	Propicia una práctica de consultoría "uno a uno", en la que se	120	20 personas	138

SENSIBILIZACIÓN

Ejercicio	Usos	Dura-ción: mins.	Tamaño del Grupo	Pág.
	pueden descubrir talentos no aprovechados.			
Juguemos a Decir Mentiras	Ayuda a aclarar los propios pensamientos expresando lo contrario de lo que se siente.	5	20 personas	150
Agenda de Discusión	Permite entender la necesidad de escuchar en la discusión.	45	20 personas	157
Identificación Sensorial	Sirve para observar los comportamientos de liderazgo, indiferencia y participación.	90	Ilimitado	159
La Magia del Poder	Permite tener una vivencia acerca de las relaciones conflictivas entre las clases sociales, en una sociedad de acumulación individual de la riqueza.	120	21 personas	163

SENSIBILIZACIÓN

Ejercicio	Usos	Dura-ción: mins.	Tamaño del Grupo	Pág.
Observación y Registro	Estimular el perfecciona-miento de la observación y registro, en beneficio de una mayor objetividad analítica.	90	16 personas	170
Cuerda y Paliacates	Explora la voluntad colectiva orientada hacia la cohe-sión grupal.	45	25 - 26 personas	178
Cohesión y Dispersión	Propicia la retroalimen-tación (feed-back) en un grupo, mini-mizando la sensación de amenaza.	90	18 personas	182
Primeras Impresiones	Reflexionar sobre la im-portancia de la primera impresión.	60	6 - 12 personas	188
Tarjetas	Facilitar la autocrítica y la imaginación de algunas po-sibilidades, en la vida de cada quien.	60	Ilimitado	190

SENSIBILIZACIÓN

Ejercicio	Usos	Duración: mins.	Tamaño del Grupo	Pág.
La Carrera y la Meta	Permite analizar las tensiones y sentimientos que provocan el desempeño individual en el contexto grupal.	60	20 personas	196
. . . Como la Palma de mi Mano	Permite ver que lo obvio puede virtualmente esconder un gran desconocimiento.	30	20 personas	198
Supervivencia en el Bosque	Explora la aplicabilidad del concepto de sinergia, en relación a la obtención de decisiones grupales.	90	20 personas	209
El Cuerpo	Ayuda a identificar los principales tabúes que impiden una comprensión integral del cuerpo humano y su impacto en la percepción	120	20 personas	220

SENSIBILIZACIÓN

Ejercicio	Usos	Dura-ción: mins.	Tamaño del Grupo	Pág.
	de la comuni-cación no verbal.			
Persona, Animal o Cosa	Permite una presentación rápida y sig-nificativa de los miembros de un grupo.	45	20 personas	223
Modelos Históricos	Desarrollar la habilidad en la determina-ción y elabo-ración de patrones abs-tractos de comporta-miento.	60	10 - 20 personas	227
Casa, Cisne y Flor	Permite ex-plorar la me-cánica del intercambio social en tan-to desviacio-nes hacia la cooperación o el dominio.	30 - 60	16 - 20 personas	233
Proyecto Heráldico	En procesos de planeación de vida y ca-rrera, auxilia para el aná-lisis de valores.	180	16 - 20 personas	235

SENSIBILIZACIÓN

Ejercicio	Usos	Dura-ción: mins.	Tamaño del Grupo	Pág.
Historieta	Propiciar una autorrevela-ción prelimi-nar, para facilitar el conocimiento intragrupal.	60	16 - 20 personas	237
Saltar a la Confianza	Sensibilizar al grupo sobre los problemas de la toma de decisiones en base a datos equívocos.	30	16 - 20 personas	239
Deslizándonos Juntos	Permite ob-servar las conductas que tienden al liderazgo.	120	20 personas	244

TOMA DE DECISIONES EN GRUPO

Ejercicio	Usos	Duración	Tamaño	Pág.
Escala de Poder	Propicia la retroalimen-tación sobre la mejor for-ma en que se deben aplicar estímulos ha-cia el trabajo.	65	20 personas	75
El Saco Ciego	Sirve para distinguir en-tre proceso y tarea, y los conflictos	120	18 - 20 personas	84

TOMA DE DECISIONES EN GRUPO

Ejercicio	Usos	Dura-ción: mins.	Tamaño del Grupo	Pág.
	que se derivan de la relación de estos términos.			
Pentatrón	Sensibiliza a los participantes en la percepción de las etapas del comportamiento individual ante la involucración en tareas grupales.	120	4 - 5 personas	89
La Carta Anónima	Ayuda a descubrir conflictos, en un grupo en el cual no han logrado ser verbalizados.	60	20 personas	111
Todos Juntos y a Tiempo	Permite el experimentar la sinergia de grupo vivencia acerca de las relaciones conflictivas entre las clases sociales, en una sociedad de acu-	90	Ilimitado	202

TOMA DE DECISIONES EN GRUPO

Ejercicio	Usos	Duración: mins.	Tamaño del Grupo	Pág.
	mulación individual de la riqueza.			
Poemas	Permite experimentar las condiciones de interacción necesarias para la solución creativa del problema.	90	Ilimitado	204
Supervivencia en el Bosque	Explora la aplicabilidad del concepto de sinergia, en relación a la obtención de decisiones grupales.	90	20 personas	209
Supervivencia en los Andes	Permite observar el comportamiento individual en la toma de decisiones que implica poner en juego la valorativa personal.	45	20 personas	225
Mis Zonas Ocultas	Permite un conocimiento	60	15 - 20 personas	161

TOMA DE DECISIONES EN GRUPO

Ejercicio	Usos	Dura-ción: mins.	Tamaño del Grupo	Pág.
	personal acerca de la percepción que el grupo tiene de uno.			

PRODUCTIVIDAD

Ejercicio	Usos	Dura-ción: mins.	Tamaño del Grupo	Pág.
El Saco Ciego	Sirve para distinguir entre proceso y tarea, y los conflictos que se derivan de la relación de estos términos.	120	18 - 20 personas	84
Atención y Planeación	Medir la capacidad de atenerse a instrucciones escritas.	20	Ilimitado	148
Largo, Picudo y con Pestañas	Propicia la reflexión sobre la jerarquización de las órdenes en las organizaciones.	Depende de la profundidad con que se maneje el análisis	20 personas	241

Ejercicio 121: ESCALA DE PODER

USOS:
- Analizar la forma en que los jefes o líderes de grupo toman decisiones para motivar a los miembros de los grupos.
- Propicia la retroalimentación sobre la mejor forma en que se deben aplicar estímulos hacia el trabajo.

RECURSOS MATERIALES:
- Salón amplio e iluminado.
- Hoja de "Escala de Poder".
- Lápices.
- Hojas de rotafolio y marcadores.

DURACIÓN:
- 15 minutos para contestar la hoja "Escala de Poder".
- 20 minutos para el análisis en grupos.
- 30 minutos para la discusión plenaria.
- Total: 65 minutos.

TAMAÑO DEL GRUPO:
- 20 personas.

DISPOSICIÓN DEL GRUPO:
- Primera etapa: individual.
- Segunda etapa: en equipos de cuatro personas.
- Tercera etapa: plenaria.

INSTRUCCIONES ESPECÍFICAS:
- Ninguna.

DESARROLLO:
- Se distribuyen las hojas de "Escala de Poder".
- Se solicita que en forma individual contesten bajo las siguientes normas:

  a) Debe responderse lo más sinceramente posible.
  b) Se deben anotar estrategias diferentes en cada renglón y para cada tipo de interacción.
  c) Olvidar respuestas particulares y anotar conductas más frecuentes.

d) Anotar los seis conceptos en las tres columnas.

— Se forman grupos de cuatro personas y se les solicita, intercambien información, exponiendo razones y solicitando comentarios sobre las estrategias a que el consenso del grupo haya llegado.
— Para reportar en hoja de rotafolio, se hace una comparación con marcos teóricos, en grupo plenario.
— Se obtienen conclusiones.

ESCALA DE PODER

CUANDO NECESITO ALGO DE:

MI JEFE	MI COMPAÑERO	MI SUBALTERNO
LO PRIMERO QUE HAGO ES:		
1º _____	_____	_____
_____	_____	_____
Y SI NO OBTENGO RESPUESTA HAGO:		
2º _____	_____	_____
_____	_____	_____
Y SI NO		
3º _____	_____	_____
_____	_____	_____
Y SI NO		
4º _____	_____	_____
_____	_____	_____
Y SI NO		
5º _____	_____	_____
_____	_____	_____
Y SI NO		
6º _____	_____	_____
_____	_____	_____

NO DEBE ENTREGAR LA HOJA HASTA HABER ANOTADO
LOS DIECIOCHO CONCEPTOS QUE SE SOLICITAN

Ejercicio 122: ... CON LOS BRAZOS CRUZADOS

USOS:
- Ilustra, de forma sucinta, el problema de la resistencia al cambio.
- Permite explorar algunos modelos de resistencia al cambio.
- Destaca el efecto emocional que provocan los cambios.

RECURSOS MATERIALES:
- Un salón amplio e iluminado.
- Un rotafolio y marcadores.

DURACIÓN:
- 20 minutos aproximadamente.

TAMAÑO DEL GRUPO:
- 20 personas.

DISPOSICIÓN DEL GRUPO:
- Libre.

INSTRUCCIONES ESPECÍFICAS:
- Es deseable que el facilitador cuente con algunos modelos que permitan ilustrar gráficamente el Factor de Resistencia al Cambio, de manera que el participante pueda incorporar esta vivencia como una explicación de por qué al ser humano, le cuesta trabajo cambiar y en qué consiste.

DESARROLLO:
- Se les pide a los participantes que se pongan de pie, retirados de su silla y de la mesa, en una posición cómoda. Acto seguido, se les solicita que cierren los ojos; asegurándoles que no les va a pasar nada y que necesitan estar relajados, con los brazos a los costados del cuerpo. El facilitador les pide que respiren hondo y suelten el aire de manera pausada, la intención es que realmente logren un estado de descanso. Naturalmente, en este momento se puede invertir un poco de verbalización para alcanzar tal fin.

— Ya cuando se logra que la mayoría de los participantes manifiesten estar relajados, entonces se les pide, que sin abrir los ojos, se crucen de brazos y se mantengan así un momento, para poder visualizarse a sí mismos, el cómo están los brazos, las manos, los dedos, sus hombros, etc.

— Se les vuelve a pedir que dejen sus brazos a los costados del cuerpo y comienza nuevamente el facilitador, todo el proceso de relajación.

— Se les pide mucha atención, manteniendo sus ojos cerrados, para acto seguido, solicitarles el que crucen los brazos pero ahora de forma al revés; se les permite un momento, mientras el facilitador se fije en aquellos participantes que les cuesta más trabajo, el otro sentido del cruzado de brazos.

— Se les invita a sentarse para comentar la experiencia, en donde paulatinamente, irán saliendo los modelos de resistencia al cambio, poniendo mucho énfasis en los hábitos y costumbres personales.

Ejercicio 123: CUADRADO

USOS:
- Sensibilizar al grupo a los liderazgos, sumisiones, manipulaciones, etc.
- Permite al grupo descubrir algunas condiciones de la interacción humana.

RECURSOS MATERIALES:
- Un salón amplio e iluminado.
- 17 piezas del cuadrado.

DURACIÓN:
- De 15 a 45 minutos.

TAMAÑO DEL GRUPO:
- De 12 a 20 personas.

DISPOSICIÓN DEL GRUPO:
- Sentados alrededor de una mesa amplia, en la cual puedan situarse de 13 a 15 personas, de tal manera que no quepan del todo cómodamente.

INSTRUCCIONES ESPECÍFICAS:
- Ninguna.

DESARROLLO:
- Se repartirán las 17 piezas, una a cada uno de los participantes. En caso de sobrar piezas se le darán dos a alguno de los participantes. En el caso de faltar, alguien se quedará sin pieza.
- El instructor dará al grupo las siguientes instrucciones:

"Casi todos ustedes tienen una pieza que es parte de un rompecabezas. Se trata de formar un cuadrado con la colaboración de todos. Deben utilizar todas las piezas. Sobre todo, de alguna manera, todos deben participar."

- El ejercicio lleva en sí su propia dinámica. Si después de media hora de trabajo no logran realizar el cuadrado, el instructor preguntará al grupo si quiere continuar en la tarea. Si desean hacerlo, explicará que tienen 10 minutos más para terminar el cuadrado.

- Hayan o no terminado, después de los últimos 10 minutos se suspende la construcción del cuadrado.
- Se inicia la reflexión permitiendo que afloren los sentimientos de los participantes, procurando sobre todo que expresen cómo se sintieron en relación con los que ejercieron algún liderazgo, manipularon a los demás o se quedaron pasivos.
- Cuando un grupo no logre construir el cuadrado aparece una frustración que puede ser punto de partida realista para lograr la conciencia en las dificultades de un trabajo en equipo.
- Un punto interesante de reflexión es el que se refiere a las formas de liderazgo aparecidas en una situación que hace más fuerte presión psicológica, o cuando surgen la pasividad y el aburrimiento.
- En equipos de 5 personas puede hacerse una retroalimentación acerca de la forma como sintieron a los demás en el ejercicio, tanto en aspectos de creatividad e iniciativa como de manipulación o sumisión.

MODELO DE CUADRADO

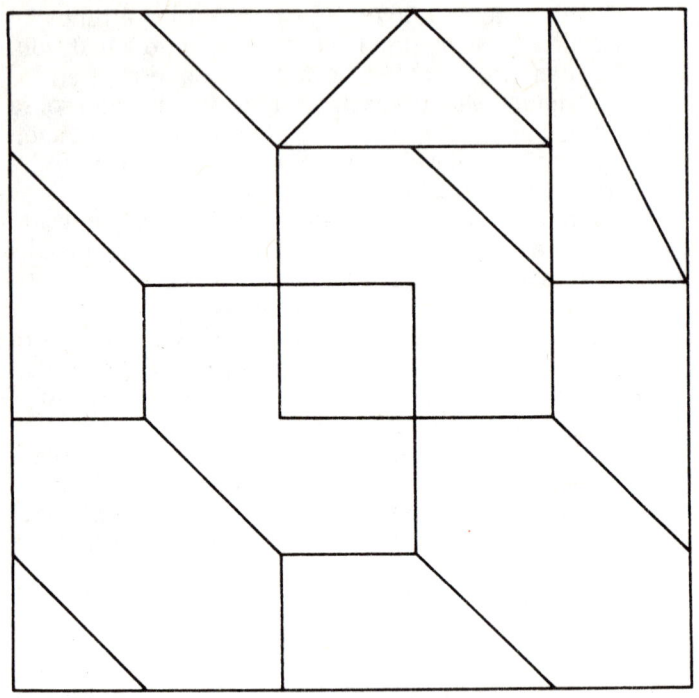

MEDIDAS DEL CUADRADO

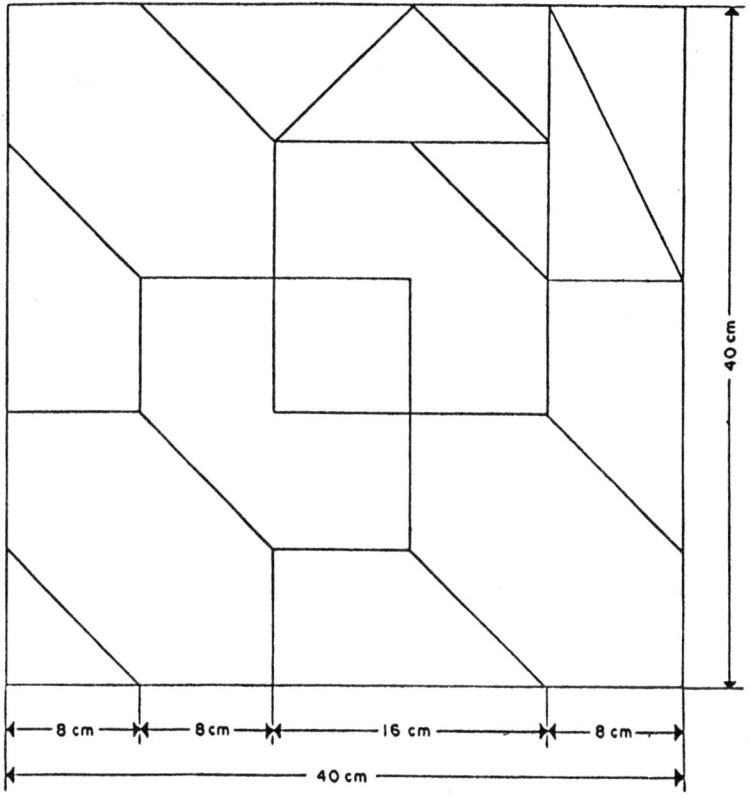

Ejercicio 124: EL SACO CIEGO

USOS:
- Permite explorar uno de los aspectos más importantes en la búsqueda de calidad y productividad: la predictibilidad de una tarea a realizar.
- Permite a los participantes el darse cuenta de que una gran cantidad de cosas que se realizan cotidianamente se han ido quedando sujetas a las eventualidades del azar.
- Sirve para distinguir entre proceso y tarea, y los conflictos que se derivan de la relación de estos términos.
- Para analizar la competencia y sus efectos sobre la vida grupal.

RECURSOS MATERIALES:
- Cuatro o cinco paletas de madera con perforaciones redondas (véase descripción anexa).
- Un saco de tela de unos veinte centímetros por cincuenta de largo.
- Canicas grandes para ponerse dentro del saco: a) 15 azules, b) 15 blancas y c) 3 rojas.
- Rotafolio y plumones.
- Salón amplio e iluminado.
- Hojas para el participante (véase descripción anexa).

DURACIÓN:
- De 40 a 120 minutos, según se procese.

TAMAÑO DEL GRUPO:
- De 18 a 20 personas.

DISPOSICIÓN DEL GRUPO:
- Cuatro o cinco equipos.

INSTRUCCIONES ESPECÍFICAS:
- El instructor tiene que hacer especial énfasis en las reglas del juego, si le es preciso debe anotarlos en el rotafolio y colgar la hoja para que todos la puedan ver.

DESARROLLO:
- Se divide el grupo en cuatro o cinco equipos de cua-

tro o cinco personas cada uno, ya sea por medio de numerarlos, por edades, o de forma libre, etc.
— Se describe el juego que consiste en que cada equipo haga mayor cantidad de puntos, sacando las canicas del saco con la paleta, bajo las siguientes reglas:

1. Habrá tantas oportunidades por equipo como miembros tengan éstos.
2. Todos tienen que intentarlo.
3. El valor de las canicas varía: las azules valen 500 puntos, las blancas 1,000 puntos y las rojas 2,000 puntos.
4. El tiempo (habrá que medirlo ya sea con un voluntario o el propio instructor) será para todos de 20 segundos máximo por intento, o sea desde que el sujeto mete la paleta hasta que la saca. De excederse de ese tiempo la jugada de ese individuo queda descalificada.
5. El jugador en turno sólo podrá tomar el saco de la boca del mismo, de manera que al meter la pala no pueda ver hacia el interior del saco y le imposibilite acomodar las canicas desde afuera con la mano. De hacerlo queda descalificada esa jugada.
6. Hay personas que tienen los dedos largos, cuestión que los tentaría a intentar acomodar las canicas sobre la paleta, habrá que sugerir que se abstengan de esa maniobra.
7. Sólo las canicas que salgan en la paleta embonadas en los orificios se contabilizan positivamente, las que quedan fuera de esta situación se contarán como valores negativos y se restarán.
8. El ejercicio puede admitir una apuesta por equipo de manera que el subgrupo que haga más puntos se lleve la apuesta.

El instructor dará cinco minutos para que los miembros de los subgrupos establezcan su estrategia de trabajo para lograr la mayor cantidad de puntos posibles.

- Entre ronda y ronda, o sea, el que pase un representante de todos y cada uno de los equipos, puede dársele tiempo a los grupos para que afinen estrategias y obtengan mejores resultados.
- El instructor llevará la puntuación de los equipos en una graficación en el rotafolio.
- Llegado el término del juego el instructor totaliza la puntuación de cada equipo y se determina el ganador.
- Se inicia la reflexión con un somero escarceo del instructor a propósito de los sentimientos experimentados por los ganadores y los perdedores.
- La discusión puede orientarse inmediatamente, alrededor de fórmulas tales como "Ensayo-Error" o "Ensayo-Éxito", en búsqueda de elementos que determinen la realización de una u otra en este ejercicio.
- Ya habiendo promovido esta pequeña verbalización de carácter catártico, el instructor pasa a distribuir la hoja del participante para primero, ser contestada individualmente y después en subgrupos, reportando los resultados en hojas de rotafolio.
- Ya en discusión plenaria se procesan las opiniones vertidas por los subgrupos, tratándolos de fijar en constantes relevantes. Lo deseable es que el grupo "descubra", con todo el entusiasmo del método mayéutico, de que muchas cosas que se realizan cotidianamente caen en la rutina y en la obsolescencia, a tal punto, que el proceso de hacerlo (el cómo) se torna incontrolable, cuestión que para fines de calidad, productividad o *costo humano* de la tarea es contraproducente.
- Se llega a conclusiones.

HOJA PARA EL PARTICIPANTE

¿Cómo podría usted lograr un mejor resultado en este juego?

_____

_____

_____

¿Si usted tuviera que supervisar la realización de este juego en un grupo de trabajo, qué cuidaría especialmente, para empujarlos a alcanzar los mejores resultados?

_____

_____

_____

¿Podría imponérsele una meta específica a lograr en términos numéricos, a las personas que realizan este ejercicio?

Sí _____   No _____   ¿Por qué? _____

_____

_____

_____

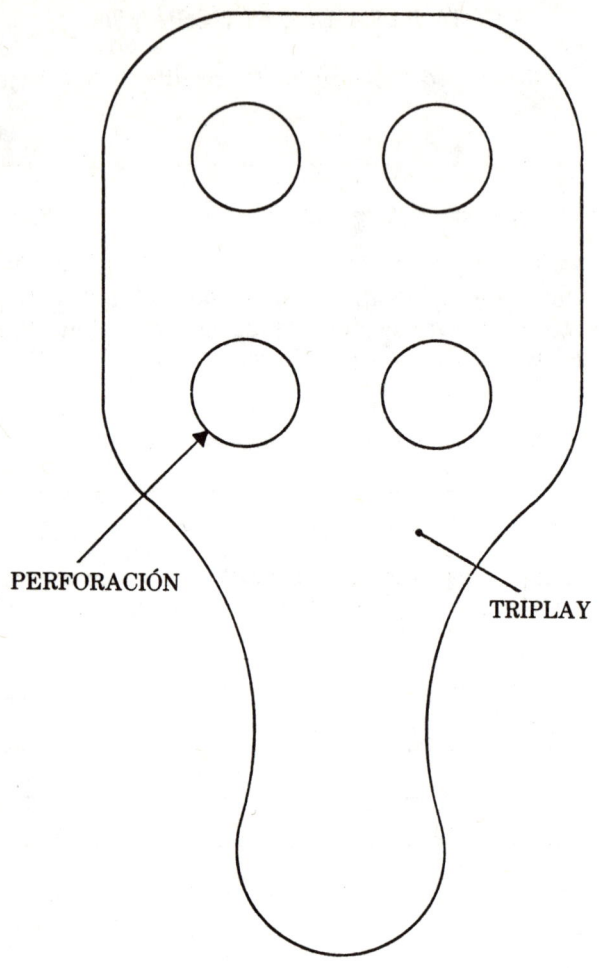

PERFORACIÓN

TRIPLAY

Ejercicio 125: PENTATRÓN

USOS:

- Permite observar el impacto de la toma de decisiones a través del tiempo.
- Explora las reacciones individuales frente a la toma de decisiones en grupo.
- Sensibiliza a los participantes en la percepción de las etapas del comportamiento individual ante la involucración en tareas grupales.

RECURSOS MATERIALES:

- 25 tubos huecos de acrílico de 1.5 cm de diámetro y 10 cm de largo.
- Una tabla de madera o conglomerado con 25 orificios dispuestos simétricamente configurando un cuadrado exacto (véase instructivo para el participante).
- 63 canicas de un color y 63 canicas de otro, cuyo diámetro permita que se introduzcan en los tubos con facilidad.
- Un salón amplio e iluminado, con mesas de trabajo para que el grupo pueda trabajar en subgrupos.
- Instructivo para el participante.

DURACIÓN:

- De 60 a 120 minutos.

TAMAÑO DEL GRUPO:

- Subgrupos de cuatro a cinco personas.

INSTRUCCIONES ESPECÍFICAS:

- Hay en el mercado en general y en las tiendas de juguetes lucrativos en particular, tableros similares de tres o cuatro variables que son susceptibles de ser adaptados para los fines de este juego.

DESARROLLO:

- Se solicitan dos voluntarios como observadores, dos grupos según le parezca más conveniente para la consecución de sus objetivos didácticos.
- Se entregan las canicas a cada equipo, 63 a cada uno de diferente color.

- Cada grupo cuenta con dos o tres minutos para tomar cada decisión, aunque el instructor puede ser flexible o francamente aumentar el plazo.
- Se recomienda a los grupos que las decisiones sean por consenso y no por votación o mayoría.
- Cada grupo puede organizarse libremente y podrá entrar en contacto con el otro grupo, aunque manteniendo posiciones separadas dentro del salón, pues el tablero se pondrá al centro, dejando deliberadamente un espacio amplio tanto entre los dos grupos como en relación al tablero.
- El instructor hará mucho énfasis en que el propósito del ejercicio es evitar a toda costa que las canicas de cada equipo nunca queden en cinco posiciones en las que se pueda trazar una línea recta, ya sea horizontal, vertical o diagonal en un plano simple o combinando varios planos, el que lo logre será el ganador.
- Las condiciones son dos: a) se tendrá que ir jugando plano por plano, lo que quiere decir que no se podrá poner una canica encima de otra si el plano o nivel de la que queda abajo no está totalmente lleno de canicas, b) las decisiones son alternas primero un grupo y después el otro y así sucesivamente hasta llenar el tablero. Siempre se tendrá que tirar y en cada oportunidad de tiro el grupo tendrá que elegir a su representante para ir a depositar su jugada.
- Para fines de procesamiento del ejercicio los dos primeros planos de decisiones (niveles inferiores de los tubos) se pueden asociar al corto plazo. (Los siguientes dos o sea tercer y cuarto nivel de canicas en los tubos) pueden ser considerados como mediano plazo. Y el quinto plano (nivel superior de las canicas en los tubos) serán manejados como decisiones a largo plazo.
- Al llenarse el tablero se le pide a los observadores que cuenten cuántas líneas rectas pueden ver y de qué grupo son. Después se les pide sus conclusiones de observación de los grupos, según sus anotaciones en sus hojas respectivas.
- Se procesa el ejercicio y se llega a conclusiones.

INSTRUCTIVO PARA EL PARTICIPANTE

Si formas parte de un grupo que tiene como tarea el evitar, hasta donde sea posible, el que las tiras de tu grupo pueden llegar a quedar en el tablero, conectados por una línea recta (imaginaria) conformada por cinco de las canicas de tu equipo línea recta, horizontal, vertical, diagonal en uno o en coordinación de varios planos, tal como muestra la gráfica anexa:

Las condiciones son: a) se tiene que llenar plano por plano, lo que quiere decir que no se podrá poner una canica sobre de otra si el plano o nivel de la que queda abajo, no está totalmente lleno de canicas; b) las decisiones son alternas primero un grupo y después el otro y así sucesivamente hasta llenar el tablero a sabiendas de que no se puede evitar tirar y el grupo nombrará a su representante para ir dejando la canica en cada oportunidad de tiro; c) habrá un límite de tiempo para cada jugada que dará el instructor; d) es recomendable que las decisiones de su grupo sean por consenso y no por mayoría.

PENTATRÓN

MANERA DE JUGARLO

AL PONERSE DE ACUERDO PARA SABER QUIEN
INICIA LAS SUCESIVAS TIRADAS SON UNA POR
GRUPO HASTA TERMINAR EL JUEGO

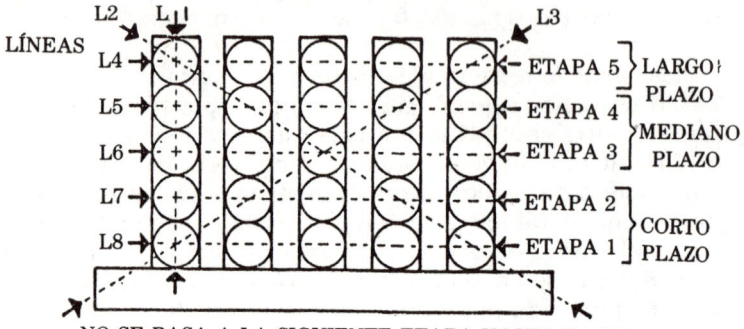

NO SE PASA A LA SIGUIENTE ETAPA HASTA HABER
LLENADO LA ANTERIOR

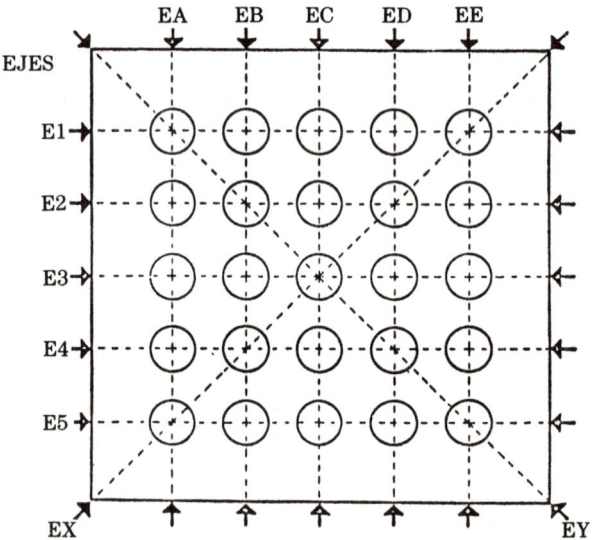

SE GANA AL EVITAR PONER CINCO CANICAS EN CUALQUIERA DE
LOS SENTIDOS SEÑALADOS POR LAS LÍNEAS Y EJES
QUE MARCAN LAS FLECHAS DE ESTOS DIAGRAMAS, HABIENDO
REALIZADO TODAS LAS JUGADAS

INSTRUCCIONES PARA LOS OBSERVADORES

Este ejercicio permite observar el comportamiento humano en relación a cuestiones tales como las reacciones ante la previsión, planeación, dirección, control, etc. Sin embargo, también destacan reacciones ante la participación en la toma de decisiones, la construcción grupal de estas decisiones, la colaboración intra e inter grupal para el logro de los resultados colectivos y manejo de territoriedad para la realización de tareas.

Tu función como observador será la de estudiar las reacciones mencionadas, para que al finalizar el ejercicio puedas retroalimentar el comportamiento de tus compañeros.

A continuación hay una lista de los puntos que puedes observar cuando el grupo que te haya tocado estudiar esté trabajando. Son simplemente indicadores que tú podrás ampliar o abundar en ellos.

PARTICIPACIÓN:
- ¿Todos los miembros del grupo participaron?
- ¿Quién se marginó voluntariamente?
- ¿Quién fue marginado por el grupo?
- ¿Quién manifestó desacuerdo?
- ¿Quién no fue escuchado?
- ¿Quién impuso su opinión?
- ¿Alguién desarrolló algún modelo sobre el cual trabajar?

DECISIONES:
- ¿Todos se involucraron en la toma de decisiones?
- ¿Hubo personas que quisieron prever las consecuencias de cada decisión?
- ¿Fueron escuchados?
- ¿Hubo decisiones rápidas y poco meditadas?
- ¿Hubo alguien que se abrogara el derecho de tomar las decisiones por el grupo?
- ¿Las decisiones fueron respetadas por los representantes de grupo?
- Etc.

RESULTADOS COLECTIVOS:
- ¿Dentro del grupo hubo alguna persona que sugirie-

ra, de alguna manera, el actuar en función del per-
juicio del otro grupo?
- ¿Pudieron establecerse negociaciones entre los grupos?
- ¿Hubo lamentaciones de jugadas anteriores? ¿Cómo
se manejaron?
- ¿Hubo alguna persona que previese la imposibilidad
de alcanzar el resultado?
- ¿Alguien quiso modificar las reglas del juego, en fun-
ción de alcanzar el resultado?
- ¿Hubo cooperación entre los grupos?
- Etc.

TERRITORIEDAD:
- ¿Hubo desplazamientos físicos de los grupos? ¿A qué
se puede atribuir?
- ¿Si se movieron los grupos, quedó alguien relegado?
¿Por qué?
- ¿Se pudo observar algún comportamiento ritualizado
en relación al manejo de territoriedad?
- Etc.

PENTATRÓN

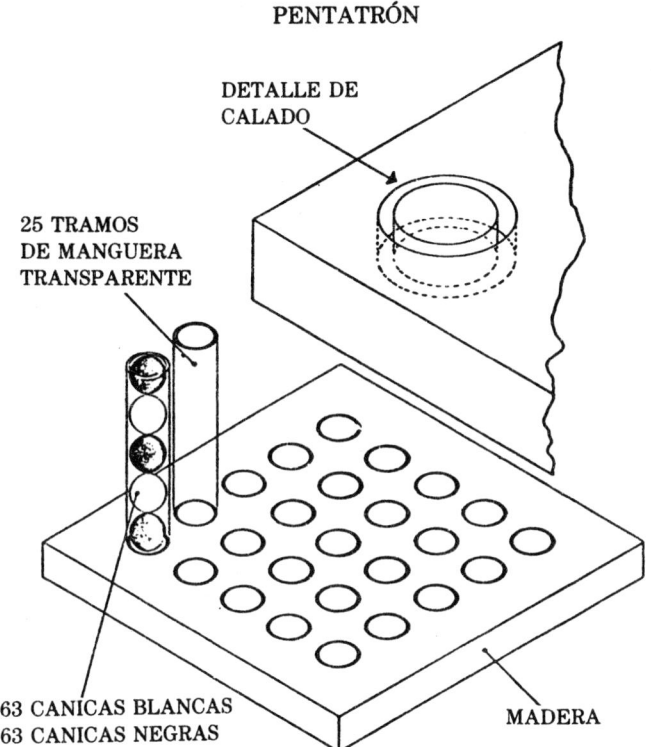

DETALLE DE
CALADO

25 TRAMOS
DE MANGUERA
TRANSPARENTE

63 CANICAS BLANCAS
63 CANICAS NEGRAS

MADERA

Ejercicio 126: EL LIMONERO

USOS:
- Explorar la capacidad de observación de los participantes.
- Sensibilizar a los miembros de un grupo en los procesos de personalización e individuación.
- Proporcionar elementos de reflexión en la búsqueda de rasgos y características tanto en personas como objetos.

RECURSOS MATERIALES:
- Una cesta de regular tamaño o caja de cartón.
- Un limón grande sin semilla por participante.
- Hojas de instrumentación individuales.
- Hojas de instrumentación en subgrupos.

DURACIÓN:
- 45 minutos.

TAMAÑO DEL GRUPO:
- 20 personas ideal, pero pueden ser más.

DISPOSICIÓN DEL GRUPO:
- La primera etapa de forma individual.
- La segunda etapa de forma plenaria o colectiva.
- La tercera etapa de forma subgrupal, con conclusiones plenarias.

INSTRUCCIONES ESPECÍFICAS:
- Este es un ejercicio que se basa fundamentalmente en el ritmo que logre el facilitador por medio de su propia alocución.
- La profundidad reflexiva estará determinada por necesidades instruccionales.

DESARROLLO:

Primera Etapa

- Se les proporcionará un limón a cada participante.
- El instructor les pide no tocar el limón por el momento.
- Les pide lo observen detenidamente, destacando

realidades tales como color y tonos, tamaño, rugosidad, magulladuras, etc.

— Acto seguido les pide que lo palpen y lo huelan, que lo repasen, y que lo observen con mayor detenimiento.

El Instructor

— Después de que ha realizado toda esta experiencia sensorial, solicita a los participantes dejen el limón sobre la mesa y que cierren los ojos para tratar de visualizar su limón (es importante el uso paulatino del pronombre posesivo).

— La verbalización que a continuación sigue, prácticamente es la misma que la anterior, resaltando el ritmo que se ha utilizado hasta el momento en la alocución.

— Terminada esta breve visualización, el instructor pasa la cesta para que los participantes depositen su limón.

— La cesta se agita de manera que se revuelvan los limones.

— El instructor deja la cesta al centro del salón y pide a los participantes que pasen a recoger el suyo.

Segunda Etapa

— Habiendo recuperado su limón cada participante, se les pide que le pongan un nombre y que pasen a presentarlo a sus compañeros, destacando las características que hacen único a su limón.

— Se deja que el grupo se mueva libremente.

— Dándoles un tiempo razonable para la presentación, se les solicita sentarse en sus lugares nuevamente.

— Se vuelve a pasar la cesta para que depositen los limones (puede darse el caso de que los participantes protesten, para lo cual el facilitador debe disuadirlos con tacto).

Tercera Etapa

— Se les pasa la hoja de instrumentación individual a los participantes y se les da cinco minutos para que contesten.

— Se forman subgrupos y a cada equipo se le da la Hoja de Instrumentación en Subgrupos, dándoles diez minutos para que la contesten.
— Se solicitan las respuestas de los equipos, comentando toda la experiencia para llegar a conclusiones.
— Por último se permite a los participantes recoger sus limones.

HOJA DE INSTRUMENTACIÓN INDIVIDUAL

1. ¿Cómo se sintió al presentar en sociedad su limón?

_____

_____

_____

_____

_____

2. ¿Cómo reconoció su limón?

_____

_____

_____

_____

3. ¿Cómo se sintió al dejar su limón por segunda vez en la cesta?

_____

_____

_____

_____

HOJA DE INSTRUMENTACIÓN EN SUBGRUPOS

1. Empleando una sola palabra, ¿cómo resumiría su equipo la capacidad de identificar su limón?

_____

_____

_____

_____

_____

2. ¿Esa misma capacidad la emplea en las relaciones con sus semejantes?

_____

_____

_____

_____

_____

Ejercicio 127: PASABOLAS

USOS:
- Permite observar la relación entre la complejidad de actividades y la cohesión de grupo.
- Integra a un equipo de trabajo.
- Revisa el elemento competencia intergrupal.
- Revela la relación entre coordinación participativa y el sentimiento de pertenencia a un grupo.

RECURSOS MATERIALES:
- Aunque puede ser en un salón amplio y bien iluminado, es deseable que la cancha de juego se establezca al aire libre.
- La cancha es prácticamente de las mismas dimensiones que una de volley ball, con todo y red a la misma altura.
- 50 pelotas de un color y 50 pelotas de otro color (las pelotas pueden ser del tamaño de las bolas de tenis).
- Dos cestas grandes para contener cada juego de pelotas.
- Gráfica del esquema del juego.

DURACIÓN:
- 90 minutos.

TAMAÑO DEL GRUPO:
- 18 ó 20 personas.

DISPOSICIÓN DEL GRUPO:
- En dos subgrupos.

INSTRUCCIONES ESPECÍFICAS:
- Ninguna.

DESARROLLO:
- Se divide el grupo en dos.
- Se les explica las reglas del juego que a continuación se detallan:

    1. Cada equipo tiene cincuenta pelotas de un color.

2. Cada equipo tiene que pasar sus pelotas al otro, sin que se le caiga ninguna.
3. Cada pelota en el suelo, son 10 puntos malos para el equipo que la haya dejado caer.
4. Cien puntos malos descalifica y hace perder automáticamente al grupo en cuestión.
5. El único contacto que puede darse entre los grupos es a través del que se le da la posición de "Trasmisor" en cada equipo.
6. El único que puede sacar las bolas propias y meter las ajenas a la cesta del equipo, es la persona que se le da la posición de "Pasabolas".
7. El pasabolas no puede mandar ninguna bola al trasmisor, pero sí a cualquiera de los miembros de su equipo en la cancha.
8. El pasabolas alimenta al equipo y el equipo alimenta al trasmisor. La única limitante, es que los miembros del equipo, no pueden pasársela al compañero de al lado, lo cual implica establecer una ruta de salida de alimentación al trasmisor (de incurrir en el error de pasar las bolas al compañero de al lado, se penalizará con cinco puntos malos).
9. Así como salen las pelotas propias del equipo, también tienen que entrar las del equipo contrario, privando todas las reglas anteriores, incluso estableciendo la ruta de entrada y penalizándose por igual.
10. La condición más importante para establecer la ruta de entrada y salida de bolas es que toda pelota, tiene que pasar por todos los miembros del equipo. Pelota que no cumpla con este requisito, genera cinco puntos malos al equipo que incurra en dicha falta.
11. Cada subgrupo, nombrará a uno o dos observadores para que registren las faltas del equipo contrario. El árbitro puede ser un miembro del grupo o el mismo facilitador.

— Las explicaciones de estas reglas deben apoyarse en la gráfica del esquema del juego.

— Se les permite a los grupos, unos cinco minutos para establecer la estrategia de rutas de entrada y salida. Y se permite a los dos grupos, diez minutos de prueba en competencia simulada.
— Pasado este entrenamiento preliminar, se inicia el juego.
— Al terminar, se procesa para llegar a conclusiones.

GRÁFICA DEL ESQUEMA DEL JUEGO

50 PELOTAS VERDES

Ejercicio 128: HABILIDADES HETEROSOCIALES

USOS:
- Comparar las cualidades y habilidades que se requieren para conducir a un solo grupo culturalmente homogéneo y las que se necesitan para un grupo culturalmente heterogéneo.
- Aumentar la conciencia de los valores sociales y de cómo éstos pueden interferir entre individuos y grupos.

RECURSOS MATERIALES:
- Un salón amplio y bien iluminado, lo suficientemente grande para que tres grupos pequeños, se puedan reunir por separado y en forma privada, con un lugar para poder colgar las hojas de rotafolio.
- Hojas de papel, tamaño rotafolio y marcadores de varios colores para cada grupo y para el facilitador.
- Cinta adhesiva para cada grupo.

DURACIÓN:
- De 90 a 120 minutos.

TAMAÑO DEL GRUPO:
- De 12 a 16 personas (de preferencia haciendo grupos de hombres y mujeres).

DISPOSICIÓN DEL GRUPO:
- En tres subgrupos.

INSTRUCCIONES ESPECÍFICAS:
- Es muy importante, que el facilitador maneje un modelo conceptual sobre la cultura, por una parte y por la otra, que tenga claramente diferenciados los perfiles de jefes vs. líderes.

DESARROLLO:
- Se divide a los participantes en tres subgrupos de cuatro personas cada uno, (las personas que no se puedan integrar a uno de estos subgrupos quedarán como observadores).
- El facilitador da 3 hojas de rotafolio, marcadores y

cinta adhesiva para cada grupo; dándoles nombre a cada uno de éstos:

1. Gente de Alfa.
2. Gente de Beta.
3. Gente de Gamma.

— Se explica entonces que cada grupo, constituye una cultura diferente que pretenden preservar. Cada grupo es de un planeta diferente y en cada planeta, todos sus habitantes se asemejan: su parecido, su religión, y su condición social son realmente iguales. La diferencia básica entre estos tres planetas es que su población está formada o sólo por hombres o sólo por mujeres; aunque podría darse el caso de que en alguno de estos planetas hubiese una crisis de identidad, por su composición social.

— Se dan quince minutos a los grupos para desarrollar un perfil sociocultural de su planeta, siguiendo el patrón de preguntas que el facilitador les enumera en hoja de rotafolio:

1. Describir su apariencia física.
2. Describir brevemente su religión, en términos de sus creencias espirituales y morales.
3. Describir el ambiente físico de su planeta, en términos de su clima y paisajes.
4. Describir la estructura socioeconómica de su sociedad, en términos de su igualdad o desigualdad.
5. Describir cuáles son los roles de los sexos y cómo es enfrentada la supervivencia de la especie.

— Toda esta información, deberá ser vertida en las hojas de rotafolio, para ser colgadas al lado de cada uno de los grupos.
— Al finalizar los quince minutos se le pide a cada grupo que nombre a un representante, para exponer las características socioculturales de cada planeta, frente a los otros dos.

- Siguiendo las respuestas en las hojas de cada grupo, el facilitador promueve una discusión sobre semejanzas y diferencias que se dan entre los tres planetas; la labor del facilitador en este punto, es la de evidenciar las diferencias y las semejanzas, con todo el énfasis posible (10 minutos aproximadamente).
- Nuevamente, se les da diez minutos para hacer una lista de cinco cualidades y habilidades personales, las más importantes desde luego, con las cuales se describiera el perfil de un líder que los tres planetas aceptasen. Anotando estas características en hoja de rotafolio, para reportarlo posteriormente.
- Los tres planetas comparan sus listas para que el facilitador anote en el rotafolio, V.R.G.:

CUALI-DADES	ALFA	BETA	GAMMA	HABILI-DADES	ALFA	BETA	GAMMA
Fuerte	X		X	Comunica	X	X	
Va-liente		X		Escucha			X
Etc.				Etc.			

- El facilitador ha permitido una discusión libre, para que los grupos se pudieran poner de acuerdo, en lo que se refiere a un líder común a seguir. Sin embargo, antes que puedan llegar a un acuerdo, el facilitador les anuncia una variable más; una guerra galáctica inevitablemente destruirá esos tres planetas, no obstante, se les acaba de conseguir un cuarto planeta en el cual pueden vivir las tres culturas, de donde se desprende, que siendo una situación en extremo urgente, los pobladores de Alfa, Beta y Gamma deben tomar sus pertenencias y partir para su nuevo y compartido hogar, para lo cual se deberá, hoy más que nunca, ponerse de acuerdo en el tipo de liderazgo que los va a dirigir.
- Para esta tarea de redefinición del liderazgo, el facilitador recompone los grupos, armándolos con los miembros de los tres planetas, cuidando de que queden distribuidas las personas, más o menos en forma equivalente.

— Se les da quince minutos para conocerse, y para intentar minimizar las diferencias y maximizar sus semejanzas culturales. De manera que eso permita a los grupos establecer unas nuevas características de un perfil de liderazgo que sí puedan seguir todos (30 minutos).

— Cada grupo reporta los pormenores y conclusiones de su discusión. Reportes de los cuales el facilitador partirá para promover una discusión general, en la que se buscarán dos productos, a saber: a) un perfil de liderazgo que acepte todo el grupo y b) un listado de elementos que cambiaron de la situación normal a la de emergencia (20 minutos).

VARIACIONES:

— El facilitador puede agregar una o dos características socioculturales, establecidas por él, a cada grupo, recomendando que éstas sean diferentes entre sí.

— El aspecto de grupos de hombres o grupos de mujeres puede ser eliminado en favor de concentrar el análisis sobre el liderazgo.

— Se pueden añadir reactivos adicionales al perfil de liderazgo a propósito de la educación, la política, la familia, etc.

Ejercicio 129: DALE UNA ESTRELLA A TU JEFE

USOS:
- Permite valorar las actitudes de las personas que tengan responsabilidades de jefatura.
- Sirve para hacer un autodiagnóstico en las actividades de supervisión.
- Propicia la retroalimentación para mejorar el estilo de liderazgo.

RECURSOS MATERIALES:
- Salón amplio e iluminado.
- Cuestionario: "Dale una Estrella a tu Jefe".
- Lápices.
- Pizarrón o rotafolio.
- Hoja de reflexiones para el procesamiento.

DURACIÓN:
- 10 minutos para el cuestionario.
- 20 minutos para la discusión de los resultados.
- Total: 30 minutos.

TAMAÑO DEL GRUPO:
- 24 personas.

DISPOSICIÓN DEL GRUPO:
- Libre.

INSTRUCCIONES ESPECÍFICAS:
- Es recomendable que el instructor haya leído el libro de W. Bennis y B. Nonus "Líderes" de donde sale el esquema del arte de mando, que en este caso se distribuye.

DESARROLLO:
- Se distribuye el cuestionario entre los participantes; se solicita que requisiten con cuidado los cuestionarios.
- Se pide que den su puntuación y se anota el resultado en la pizarra para hacer una suma y cuantificación global. (Puede solicitarse que intercambien los cuestionarios para efecto de hacer confidencial, la calificación dada por cada persona).

— Se hace un perfil del tipo de jefes que tienen los participantes del grupo.
— Se les solicita que den sus comentarios.
— Se solicita que se autoevalúen como jefes y se hace el mismo procedimiento.

DALE UNA ESTRELLA A TU JEFE

Tu jefe desea reafirmar sus actitudes o mejorarlas, pero necesita de tus opiniones sinceras. Esto es uno de los muchos medios que utilizaremos para retroalimentarlo buscando su desarrollo y en consecuencia tu mejoría. Evalúa las actividades de tu jefe con relación a los conceptos enviados y dales un valor de 0 a 10 y anótalos a la derecha.

TU JEFE ES. . .

1. . . . accesible. Si tengo un problema que no puedo resolver, allí está él; se esfuerza en colocarme en mi propio nivel, en la mejor forma posible, a fin de que le lleve soluciones y no problemas.
2. . . . comprensivo. Rápidamente me informa o pone en comunicación con gente que me puede ser útil o estimulante, o que puede tener algún interés profesional en el futuro.
3. . . . de buen humor. Tiene una proporción completa del Espíritu Cómico en su forma de ser, y su risa es aún más fuerte cuando el chiste se refiere a él.
4. . . . justo. Y se preocupa por mí y por lo que estoy haciendo. Me da crédito cuando es debido, pero se fía de mi palabra.
5. . . . decidido. Se ocupa de aquellas pequeñas decisiones sin importancia, que pueden obstruir durante días el desarrollo de los proyectos.
6. . . . humilde. Admite abiertamente sus propios errores, toma experiencia de ellos y espera que su gente haga lo mismo.
7. . . . objetivo. Separa lo aparentemente importante (como una visita de un director) de lo verdaderamente importante (una junta con su propia gente) y va a donde se le necesita.

8.   . . . inflexible. No permite que la alta administración o funcionarios importantes del exterior le hagan perder su tiempo o el de su gente. Es más celoso del tiempo de las personas que trabajan con él, que de su propio tiempo.

9.   . . . efectivo. Me ha enseñado a mostrarle mis errores, lo que he aprendido (si hay algo), y lo que he corregido (si hay algo). Me ha enseñado a no interrumpirle con posibles buenas nuevas, en las que no se requiere acción.

10.   . . . paciente. Sabe cuándo atajar la bala (algún mero proyecto o problema) hasta que yo he resuelto mi propio problema y espera los resultados sin importarle lo bueno o lo malo de mis acciones.

Ésta es su propia valoración de su jefe como líder, basándose en una escala de 0 a 100.

Total: _____

Efectividad en
Liderazgo.

REFLEXIÓN PARA EL PROCESAMIENTO

		SUME LOS VALORES DE LAS PREGUNTAS	VALORES
PUNTOS DE:	CONFIANZA	1 Y 10	=
	ATENCIÓN	2 Y 8	=
	ESPONTANEIDAD	3 Y 6	=
	SIGNIFICADO	4 Y 7	=
	SÍ MISMO	5 Y 9	=

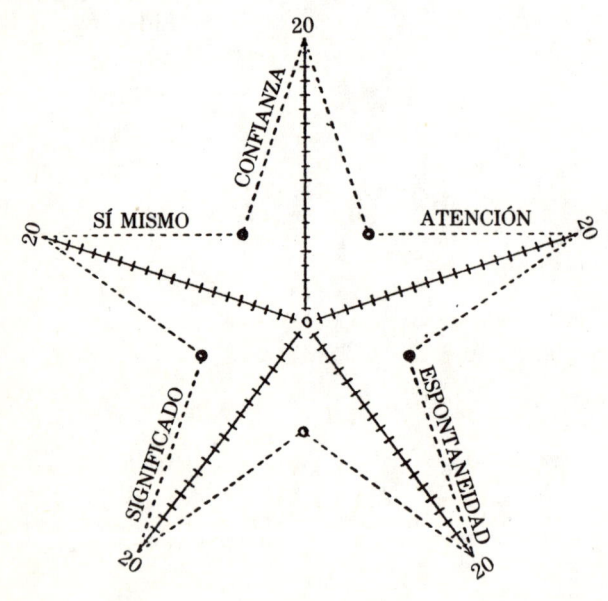

Ejercicio 130: LA CARTA ANÓNIMA

USOS:
- Permite expresar libremente frustraciones ocultas.
- Sirve para evidenciar estados de tensión entre los miembros del grupo.
- Ayuda a descubrir conflictos, en un grupo en el cual no han logrado ser verbalizados.

RECURSOS MATERIALES:
- Un salón amplio con mesas.
- Hojas blancas.
- Lápices.

DURACIÓN:
- De 30 a 60 minutos.

TAMAÑO DEL GRUPO:
- Máximo 20 personas.

DISPOSICIÓN DEL GRUPO:
- Cuatro subgrupos de 5 personas.

INSTRUCCIONES ESPECÍFICAS:
- Ninguna.

DESARROLLO:
- Se solicita a los participantes que anoten en una hoja anónimamente la forma en que se sienten y sienten al grupo.
- Se solicita que dejen sus escritos en alguna mesa.
- El facilitador toma los escritos y los revuelve.
- Se distribuyen de nuevo y se les solicita que los lean.
- Se forman los subgrupos para·dialogar sobre las anotaciones.
- Se obtienen conclusiones en grupo.

Ejercicio 131: EL ESCULTOR

USOS:
— Permite expresar la forma simbólica, las propias emociones manipulando la materia viva del grupo.
— Ayuda a descubrir la cohesión o fragilidad del grupo.

RECURSOS MATERIALES:
— Un salón amplio e iluminado.

DURACIÓN:
— De 20 a 40 minutos.

TAMAÑO DEL GRUPO:
— 10 personas.

DISPOSICIÓN DEL GRUPO:
— Sentados en círculo sobre el suelo.

INSTRUCCIONES ESPECÍFICAS:
— Se debe evitar que personas en conflicto se sienten juntas.

DESARROLLO:
— Se solicita que imaginariamente, vayan recibiendo de su compañero (de izquierda a derecha o viceversa) una masa o esfera (imaginaria) que puede ser moldeada al antojo de los participantes que actuarán como escultores, de tal forma que puedan esculpir alguna figura que quieran entregar a sus compañeros y que representa algún sentimiento para ellos.
— Se solicita que quien la reciba, la agradezca. Se realiza el ejercicio en orden, silencio y bajo la observación del grupo.
— Se sacan conclusiones.

Ejercicio 132: LA REPRESENTACIÓN GRÁFICA

USOS:
- Propicia la búsqueda de la empatía a través de los dibujos.
- Permite tratar de comprender a los demás en forma no verbal.
- Permite interiorizar los sentimientos de los demás.

RECURSOS MATERIALES:
- Un salón amplio.
- Hoja de papel para cada participante (preferentemente de rotafolio).
- Lápices negros y de colores.

DURACIÓN:
- De 60 a 120 minutos.

TAMAÑO DEL GRUPO:
- 10 personas.

DISPOSICIÓN DEL GRUPO:
- Libre.

INSTRUCCIONES ESPECÍFICAS:
- Ninguna.

DESARROLLO:
- Se solicita a los participantes que en forma gráfica (sin palabras escritas) representen en las hojas cualquiera de estos conceptos, de acuerdo a las necesidades del grupo:

   a) las necesidades del grupo
   b) mi vida pasada
   c) qué siento de mis compañeros
   d) mi presente
   e) lo que pienso sobre algún aspecto relacionado con el grupo
   f) mi futuro

- Se permite que realicen el dibujo durante una hora, se presentan al grupo y se solicitan sus comentarios sobre los dibujos y los autores.
- Se obtienen conclusiones.

Ejercicio 133: JUNTOS EN EL BORDE

USOS:
— Permite revisar procesos de organización interna de
un grupo.
— Propicia la cohesión de grupo y su análisis.
— Destaca los comportamientos claramente orientados
al liderazgo.
— Integra a los grupos de trabajo, en base al estudio
de la actuación individual.

RECURSOS MATERIALES:
— Dieciséis barriles de doscientos litros cada uno, de
preferencia metálicos, limpios y vacíos.
— Doce tablones de dos pulgadas de grosor, 30 cm de
ancho y 2.25 m de largo.
— Un espacio amplio que pueda usarse como pista de
por lo menos unos 40 m de longitud y en la cual cuatro subgrupos puedan trabajar simultáneamente.

DURACIÓN:
— 120 minutos, aproximadamente.

TAMAÑO DEL GRUPO:
— 20 personas.

DISPOSICIÓN DEL GRUPO:
— En cuatro subgrupos para realizar el ejercicio y en
reunión plenaria para el procesamiento.

INSTRUCCIONES ESPECÍFICAS:
— Es recomendable contar con un modelo teórico de
referencia, sobre integración grupal, para poder aprovechar todos los matices de la Dinámica Vivencial.

DESARROLLO:
— Se establecen los subgrupos de cinco miembros cada
uno.
— Se hace entrega del material: cuatro barriles y tres
tablas a cada grupo.
— Se les indica cuáles son las reglas de juego:

a) El propósito del juego es que cada grupo, partiendo de la misma línea de salida, recorran la misma distancia hasta llegar a la meta, previamente establecida, con todos sus integrantes viajando "a bordo", encima de barriles y tablas.

b) Si cualquier miembro de grupo, llegase a caer por la causa que fuere, de las tablas o barriles, descalifica a su grupo en el momento de tocar el suelo.

— Se les da un tiempo razonable para prepararse, insistiéndoles en que planeen cuidadosamente.

— Se realiza la carrera y al terminar se procesa para llegar a conclusiones.

Ejercicio 134: ... MÁS BIEN SOY ...

USOS:
- Proporcionar una primera autorrevelación, sin "riesgos" para los participantes.
- Promover el conocimiento y comunicación intragrupal.
- Reforzar la autoimagen de los participantes.
- Establecer una ruptura de hielo, basada en la confianza y la interpretación de los miembros del grupo.

RECURSOS MATERIALES:
- Un salón amplio y bien iluminado.
- Hojas tamaño carta para los participantes.
- Lápices, plumones y cinta adhesiva.
- Hojas de trabajo para los participantes.

DURACIÓN:
- 30 minutos.

TAMAÑO DEL GRUPO:
- 20 personas.

DISPOSICIÓN DEL GRUPO:
- Individual en la instrumentación y plenaria en el procesamiento.

INSTRUCCIONES ESPECÍFICAS:
- Este es un ejercicio basado en el diferencial semántico y aunque inicialmente se suela usar esta Dinámica Vivencial en ruptura de hielo, o sea al inicio de un evento formativo, en algunas ocasiones la hemos retomado al término del evento, con magníficos resultados, pues permite que el grupo dé retroalimentación a cada participante, según los parámetros que cada participante estableció sobre sí mismo (véase Hoja para el Participante).

DESARROLLO:
- Se les solicita a los participantes que tomen una hoja tamaño carta y en forma de lista, describan con ocho adjetivos, su forma de ser. El facilitador pide al gru-

po, que den algunos ejemplos de adjetivos, para verificar que se haya comprendido y no vayan a confundirse con sustantivos, nombres, etc. Se insiste que sean ocho adjetivos, y se les dan cinco minutos para establecer este primer listado.

— A continuación, se les pide que de cada uno de estos adjetivos busquen sus antónimos y hagan una segunda lista, paralela a la primera. Se les dan cinco minutos más para esta segunda lista.

— Habiendo terminado, se les pasa la Hoja para el Participante, para que vacíen sus listas en ella.

— Concluida esta instrumentación, los participantes leerán sus respectivas hojas a todo el grupo; cuidando que sea de manera espontánea y de uno en uno. El facilitador tiene que estar atento a no permitir preguntas o aclaraciones a propósito de la exactitud de los antónimos establecidos por cada participante, aunque esto virtualmente puede mover a risa, porque esto, en último análisis es parte del juego, en tanto ruptura de hielo.

— Al concluir esta etapa inicial del juego, se procesa la experiencia y se llega a conclusiones. Y si el facilitador va a emplear el mismo ejercicio para cerrar el evento, les pide a los participantes que guarden las hojas, para posteriormente, trabajar en ellas.

HOJA PARA EL PARTICIPANTE

Entre esto y aquello. . . más bien soy . . .

1. Entre _____ y _____ más bien soy _____

0	5	10

2. Entre _____ y _____ más bien soy _____

0	5	10

3. Entre _____ y _____ más bien soy _____

0	5	10

4. Entre _____ y _____ más bien soy _____

0	5	10

5. Entre _____ y _____ más bien soy _____

0	5	10

6. Entre _____ y _____ más bien soy _____

0	5	10

7. Entre _____ y _____ más bien soy _____

0	5	10

8. Entre _____ y _____ más bien soy _____

0	5	10

(la línea graduada sólo se usa cuando se emplea el ejercicio como retroalimentación al finalizar el evento).

Ejercicio 135: BANDERAS

USOS:
- — Propiciar una exploración sobre la clarificación de valores por medio de la interpretación creativa de significantes.
- — Promover un mayor entendimiento sobre valores, metas y potencial individual.
- — Proporcionar un espacio para la autorrevelación de las aspiraciones personales de los participantes.
- — Examinar cómo los ideales personales afectan a la toma de decisiones relativa a necesidades y aspiraciones personales.

RECURSOS MATERIALES:
- — Un salón amplio y bien iluminado.
- — Hojas de rotafolio y marcadores.
- — Una hoja tamaño carta para cada participante.
- — Lápices, colores y papel adicional.

DURACIÓN:
- — De dos a tres horas.

TAMAÑO DEL GRUPO:
- — 20 personas.

DISPOSICIÓN DEL GRUPO:
- — Primero de forma individual, establecen sus avatares y posteriormente, en subgrupos; para finalmente procesar las conclusiones en reunión plenaria.

INSTRUCCIONES ESPECÍFICAS:
- — Recomendamos poner este ejercicio en proceso ya avanzados de entrenamiento, auxiliado por un esquema axiológico, lo más claro posible.

DESARROLLO:
- — El facilitador comienza diciendo que la actividad que están a punto de realizar, les ayudará a descubrir y a clarificar sus metas, valores y potencial personal para poder cumplir el logro de sus metas y la satisfacción de sus valores.

— Manifiesta que son ellos, los participantes mismos, los que examinarán estos elementos por sí solos, en primera instancia, y que después, tendrán la oportunidad de presentarlos a sus compañeros, a través de pequeños equipos de trabajo, en forma de bandera personal.

— Aquí, es importante que el facilitador abra su exposición a los aspectos gráficos que se suelen ver en las banderas, los estandartes, los avatares, los escudos, etc. Menciona cómo es que durante mucho tiempo, los individuos y los grupos humanos han seguido y defendido estos símbolos, porque algo les presentaban y en consecuencia, les significaban. Quizá, a manera de pequeña discusión dirigida, valga la pena preguntar, ¿por qué los hombres se han dejado matar y han muerto voluntariamente por defenderlos? Tal vez, resultase adecuado platicar un poco del significado de las gráficas que se pueden contemplar desde el tótem hasta las banderas contemporáneas; destacando cómo han evolucionado las formas simbólicas representadas, pero no así, su contenido.

— El facilitador invita a los participantes a tomar una hoja en blanco y un lápiz, para que enumeren todas las banderas que recuerden, no importando si son de naciones, estados o instituciones, del presente o del pasado. Se le da un máximo de cinco minutos.

— Se les pide entonces, que haciendo un esfuerzo creativo piensen en qué significa.

#	Ejercicio	Compe-tencia	Com. Inter-grupal	Com. inter-personal	Des. del Conc. Grupal	Liderazgo	Retro-Informa-ción	Ruptura de Hielo	Sensibili-zación	Toma de Decisio-nes en Grupo	Clausura	Manejo de Con-flictos	Produc-tividad	Pág
121	ESCALA DE PODER						X			X				75
122	... CON LOS BRAZOS CRUZADOS		X	X	X									78
123	CUADRADO			X	X	X								80
124	EL SACO CIEGO	X			X					X		X	X	84
125	PENTATRÓN				X					X				89
126	EL LIMONERO			X			X							96
127	PASABOLAS	X	X		X									100
128	HABILIDADES HETEROSOCIALES			X			X		X					103
129	DALE UNA ESTRELLA A TU JEFE					X	X							107
130	LA CARTA ANÓNIMA		X							X		X		111
131	EL ESCULTOR					X	X							112
132	LA REPRESENTACIÓN GRÁFICA			X			X							113
133	JUNTOS EN EL BORDE		X			X	X							114
134	... MÁS BIEN SOY ...		X					X	X					116
135	BANDERAS			X			X							119
136	PESCADOS					X			X					121
137	MANEJO DE UN INCIDENTE		X						X					123
138	CAMBIO Y CRECIMIENTO PERSONAL						X	X						124
139	JUSTIFICANDO ERRORES						X		X					128
140	SIN PREGUNTAS		X	X			X							131
141	EL QUE SE ENOJA PIERDE		X									X		132
142	COMPAÑÍA "A B C"			X		X								134
143	TRIADAS DE CONSULTORÍA			X					X					138
144	ATENCIÓN Y PLANEACIÓN						X						X	148
145	JUGUEMOS A DECIR MENTIRAS			X					X			X		150
146	CONVERSACIÓN EN GRUPOS		X		X			X						151
147	CRÍTICA Y AUTOCRÍTICA		X				X							154
148	FOTOPROYECCIÓN			X			X							155
149	AGENDA DE DISCUSIÓN		X	X			X		X					157
150	IDENTIFICACIÓN SENSORIAL			X		X			X					159
151	MIS ZONAS OCULTAS			X						X				161
152	LA MAGIA DEL PODER								X			X		163
153	OBSERVACIÓN Y REGISTRO		X						X			X		170
154	MANIPULACIÓN		X	X			X							173
155	CUERDA Y PALIACATES				X				X					178
156	REACCIÓN EN CADENA							X						180
157	COHESIÓN Y DISPERSIÓN				X		X		X					182
158	LA CANCIÓN QUE LLEGÓ PARA QUEDARSE							X						186
159	PRIMERAS IMPRESIONES			X			X	X	X					188
160	TARJETAS							X	X					190
161	PRESENTACIÓN ETIMOLÓGICA							X						192
162	VUELA PAPALOTE, VUELA	X	X		X		X							194
163	LA CARRERA Y LA META				X				X					196
164	... COMO LA PALMA DE MI MANO						X	X	X					198
165	PROSOPÓN		X		X									200
166	... TODOS JUNTOS Y A TIEMPO		X		X					X				202
167	POEMAS			X						X		X		204
168	UN CÍRCULO DE AMIGOS				X			X						207
169	SUPERVIVENCIA EN EL BOSQUE					X			X	X				209
170	EL CUERPO				X		X	X	X					220
171	PERSONA, ANIMAL O COSA						X	X	X					223
172	SUPERVIVENCIA EN LOS ANDES				X					X		X		225
173	MODELOS HISTÓRICOS					X			X					227
174	ENTRAR AL ARO				X			X						230
175	CASA, CISNE Y FLOR				X	X			X					233
176	PROYECTO HERÁLDICO							X	X					235
177	HISTORIETA			X				X	X					237
178	SALTAR A LA CONFIANZA		X	X		X		X	X					239
179	LARGO, PICUDO Y CON PESTAÑAS					X							X	241
180	DESLIZÁNDONOS JUNTOS				X	X			X					244

Ejercicio 136: PESCADOS

USOS:
- Permite al grupo una experiencia de liderazgo surgida en una situación desconocida.
- Descubrir cómo las situaciones individuales condicionan los valores y las respuestas concretas.
- Sirve para evaluar la forma de escuchar a los demás.

RECURSOS MATERIALES:
- Un salón amplio e iluminado.
- Pizarrón y gis.
- Lápiz y papel.

DURACIÓN:
- De 20 a 30 minutos.

TAMAÑO DEL GRUPO:
- Hasta 30 personas.

DISPOSICIÓN DEL GRUPO:
- Libre.

INSTRUCCIONES ESPECÍFICAS:
- Ninguna.

DESARROLLO:
- El instructor habla al grupo de la necesidad de entender al otro desde su propio punto de vista aunque no esté de acuerdo con él.
- Enseguida presenta el siguiente problema ante el cual tratarán de escucharse unos a otros:

"Un día en un lugar solitario, iban dos personas de camino; una llevaba 5 pescados y la segunda 3. A mediodía se dispusieron a comer, en el momento mismo en que se sentaban llegó otra persona que fue invitada a compartir los alimentos. Los pescados fueron partidos cada uno en tres partes; de este modo, a cada uno le tocaron 8 tercios de pescado.

Cuando acabaron de comer, la tercera persona se retiró dejándoles como agradecimiento a los dos primeros 8 monedas. ¿Cómo se repartieron los dos esas 8 monedas?''

— Veamos si es posible que el grupo se ponga de acuerdo en una única solución del problema. Desde este momento, imagínese que yo estoy ausente.
— Después de 15 minutos termina el tiempo para ponerse de acuerdo y se pasa a reflexionar el ejercicio.

Ejercicio 137: MANEJO DE UN INCIDENTE

USOS:
- Permite demostrar que la percepción y observación de factores subjetivos, contribuye al análisis del modo de funcionamiento de la percepción social.
- Destaca al estudio de procesos grupales.

RECURSOS MATERIALES:
- Un salón amplio e iluminado o un lugar abierto.
- Hojas de papel.
- Lápices.

DURACIÓN:
- 60 minutos.

TAMAÑO DEL GRUPO:
- Ilimitado.

DISPOSICIÓN DEL GRUPO:
- Libre.

INSTRUCCIONES ESPECÍFICAS:
- Es muy importante que las hojas se distribuyan rápidamente, y desde luego, el facilitador tiene que ponerse de acuerdo con algunos participantes para montar la escena.

DESARROLLO:
- En una sesión plenaria corriente se intercala un incidente de dos a tres minutos de antemano (por ejemplo, ataque físico resultante de un altercado verbal).
- Interrumpir súbitamente la situación calmando a las personas que intervienen en el altercado simulado.
- Se invita a los participantes a anotar lo que ha sucedido. Pidiéndoles que sean lo más específico posibles.
- Se les pide que en la misma hoja pongan la estrategia que ellos consideren más adecuada para manejar ese conflicto.
- Recoge lo más rápidamente posible los informes.
- Eventual interrogatorio a los participantes.
- Se descubre la simulación.
- Y se llega a conclusiones.

124

Ejercicio 138: **CAMBIO Y CRECIMIENTO PERSONAL**

USOS:
- Romper el hielo detectando expectativas.
- Analizar el cambio personal dentro de su dualidad, oportunidad-amenaza.
- Identificar las fuerzas y debilidades, para lograr cambios personales.
- Reconocer los obstáculos, para lograr cambios personales.

RECURSOS MATERIALES:
- Un salón amplio e iluminado.
- Rotafolio o pizarrón.
- Hoja de trabajo para cada participante.

DURACIÓN:
- 60 minutos.

TAMAÑO DEL GRUPO:
- 20 personas.

DISPOSICIÓN DEL GRUPO:
- Individual para contestar la hoja de trabajo.
- Subgrupal para el primer procesamiento.
- En reunión plenaria para el desarrollo de la conceptualización.

INSTRUCCIONES ESPECÍFICAS:
- Este ejercicio, se basa en la autorrevelación, en consecuencia, se recomienda no usarlo en el inicio de un evento formativo, sino ya muy avanzado el proceso del grupo.
- Normalmente los facilitadores en procesos de formación, cuentan con uno o varios esquemas para hacer referencia a cambios en las personas, con los cuales destacan diversos aspectos de este fenómeno, según sus necesidades de entrenamiento. En este ejercicio es recomendable que se cuente con un modelo que se aplique a las personas, no a grupos u organizaciones.
- Si este ejercicio se emplea para ruptura de hielo y detección de expectativas, es importante haber leído

previamente los objetivos y contenido del evento en cuestión.

DESARROLLO:
- Cada participante llenará su hoja de trabajo, de manera individual.
- Se forman los subgrupos y se pide a los participantes, que después de haber leído y estudiado las hojas individuales de trabajo, realicen un resumen subgrupal y lo reporten al grupo apoyados en hojas de rotafolio. El resumen es deseable que contemple una síntesis de los elementos más constantes que aparecen en las hojas individuales, de manera que queden plasmadas las tendencias del grupo en lo que se refiere a cambios deseables, conciencia de los mismos, implicaciones, obstáculos y si el ejercicio debe detectar expectativas, también éstas.
- Ya en el procesamiento plenario, el facilitador tiene que buscar un patrón de elementos constantes en las respuestas subgrupales, para integrar un posible modelo de cambio personal con el cual todo el grupo esté de acuerdo. Para esta integración, se puede utilizar de manera implícita el modelo que el facilitador va a emplear durante el evento, o explícitamente, a través de compararlo con el que en líneas generales estableció el grupo, de manera que analizando las diferencias y discrepancias entre modelos, pueda llegarse a un tercer modelo.
- Una cuestión que ayuda mucho en este ejercicio es el que el facilitador puede graficar, de manera sintética, los conceptos implicados en cada uno de los modelos de cambio personal. De manera que la comparación y conclusiones sean muy claras para los participantes.

HOJA DE TRABAJO INDIVIDUAL

Instrucciones para el participante:

En la actualidad, un fantasma recorre el horizonte intelectual humano, la necesidad del cambio, tanto del hombre como de su entorno y desde luego, de la relación que se dé entre estos dos elementos.

El cambio se encuentra en la mesa de las discusiones y en el centro de la polémica se debate el binomio ''volitividad-imperiosidad'' del cambio, con argumentos polarizados, tales como:

CAMBIO VS. PROGRESO
ENTORNO VS. PERSONA
ANHELOS VS. AMENAZAS
DESEO VS. ANSIEDAD
LOGRO VS. RIESGO

Pero lo que en verdad se está dirimiendo, en última instancia, es el preguntarnos qué tanto el hombre decide sus cambios personales.

Esta es la discusión por la cual serán identificadas las postrimerías del siglo veinte, sin duda alguna, porque hoy, es la discusión la que asume una dimensión histórica, que resume una prospectiva imaginaria sobre la calidad de vida que se desea realmente. Obviamente esta polémica no se ha agotado, ni se prevé que se agote a corto plazo. Empero como una mera aproximación, le invitamos a realizar este ejercicio de reflexión, como un preludio para dimensionar la volitividad del cambio personal en el contexto cotidiano.

HOJA DE TRABAJO INDIVIDUAL

Aplicando el más alto grado de certeza personal que le quepa poseer, podría decirnos qué cambios personales le gustaría realizar en su:

TRABAJO   FAMILIA   SOCIEDAD

_____

¿Cómo se dio cuenta de querer estos cambios?

_____

¿Qué implican estos deseos de cambio?

_____

¿Qué obstáculos tendrá que vencer para lograrlos?

_____

¿Cómo cree que le ayudará este evento para lograrlos?

_____

Ejercicio 139: JUSTIFICANDO ERRORES

USOS:
- Permite ilustrar lo difícil y frustrante que resulta para los subordinados explicar la causa del error cuando el supervisor ya ha demostrado en ocasiones anteriores la tendencia a señalar culpables.

RECURSOS MATERIALES:
- Salón amplio y bien iluminado.
- Hojas de datos para actores.
- Lápices.

DURACIÓN:
- 15 minutos en la preparación.
- 15 minutos para la representación.
- 30 minutos en la comunicación del grupo.
- 60 minutos en total.

TAMAÑO DEL GRUPO:
- 24 personas.

DISPOSICIÓN DEL GRUPO:
- En equipos de 8 personas.

INSTRUCCIONES ESPECÍFICAS:
- Ninguna.

DESARROLLO:
- Se numeran los miembros del grupo del 1 al 3 para que los números 1 sean supervisores; 2 subordinados y 3 observadores.
- Se les distribuye los papeles de: a) Supervisor, Tomás Matus y b) Subordinado, Pedro Ocampo.
- Se pide que los observadores estén atentos a la actitud del jefe y del colaborador. Se tendrán que sacar conclusiones de cómo mejorar la actitud de una persona ante un error.
- Se propicia la representación y finalmente se sacan las conclusiones.

PAPEL DE "TOMÁS MATUS"

Usted ocupa el puesto de supervisor de la sección de pintura de un taller de carrocería para autobuses.

Últimamente se han presentado fallas en el trabajo; revisando los reportes de sus subordinados, ha encontrado que uno de ellos, Pedro Ocampo, ha estado cometiendo fallas y todo parece indicar que se deben a que Pedro no sigue el procedimiento establecido para pintar carrocerías, los letreros y los dibujos decorativos. Esto le ha disgustado.

Usted lo ha mandado llamar para resolver el problema; mientras llega, usted está revisando la lista de tareas que realiza Pedro Ocampo. Estas tareas son:

- Recoger órdenes de trabajo.
- Requisitar materiales y equipo.
- Preparar la carrocería.
- Preparar la pintura e igualar los colores.
- Pintar la carrocería, los letreros y los dibujos decorativos con pistola y/o con pinceles.
- Reportar el cumplimiento de la orden.

El objetivo que se propone usted, en su entrevista con Pedro Ocampo, es lograr que este trabajador desempeñe su trabajo con eficiencia.

PAPEL DE "PEDRO OCAMPO"

Usted es trabajador de la sección de pintura de una fábrica de carrocería; tiene dos años en la empresa y tres meses bajo la supervisión de Tomás Matus. Usted está contento con su trabajo pero hay algunas tareas que le son muy difíciles.

Hace unos momentos Tomás Matus le llamó a su oficina para tratar un problema sobre fallas de trabajo, que según su supervisor, han sido causadas por usted.

Cuando se dirige hacia el lugar de la cita, usted está pensando que su papel será justificar, por los medios que le sea posible, por qué ha estado cometiendo últimamente los errores que le achacan. Sin embargo, usted puede reconocer ante un buen argumento de su jefe que lo que pasa en realidad es que usted no sabe cómo hacer bien su trabajo. No domina algunos pasos del procedimiento del acabado de exteriores.

Ejercicio 140: SIN PREGUNTAS

USOS:
- Aprender una forma diferente de comunicación.
- Enfatizar la responsabilidad que se adquiere al expresar una idea.
- Destaca problemas de asertividad.

RECURSOS MATERIALES:
- Un salón amplio e iluminado.
- Una campana, timbre u objeto percutor.

DURACIÓN:
- Durante un día del evento.

TAMAÑO DEL GRUPO:
- 12 a 15 personas.

DISPOSICIÓN DEL GRUPO:
- Libre.

INSTRUCCIONES ESPECÍFICAS:
- Ninguna.

DESARROLLO:
- El instructor realiza una pequeña introducción acerca del uso inadecuado que hacemos de las preguntas.
- Explica que muchas de ellas, son formas defensivas que usamos para evadir la responsabilidad de nuestros enunciados.
- Agrega que el grupo no usará ninguna pregunta durante la sesión de ese día o parte de ese día (puede haber excepciones). Si alguien elabora una pregunta, el instructor hará sonar la campana, timbre u objeto percutor que se haya definido con anterioridad; quien formuló la pregunta, deberá cambiar la entonación de la misma y presentarla como una afirmación. Por ejemplo: "¿Estás confundido?" por "¡Estás confundido!"
- Antes de concluir los trabajos del día, se realiza una evaluación de los sentimientos experimentados por los participantes.

Ejercicio 141: EL QUE SE ENOJA PIERDE

USOS:
- Desarrolla el autocontrol en entrevistas y negociaciones.
- Reconocer la diferencia entre experimentar sentimientos de enojo y conceptualizar racionalmente lo que ocurre en una situación de enojo.
- Ayudar a otros a reconocer las situaciones que les provoca enojo.
- Permite procesar situaciones críticas en un grupo en conflicto.

RECURSOS MATERIALES:
- Un salón amplio e iluminado.
- Rotafolio. Papelería y lápices.

DURACIÓN:
- 30 minutos.

TAMAÑO DEL GRUPO:
- 12 a 15 personas.

DISPOSICIÓN DEL GRUPO:
- Libre.

INSTRUCCIONES ESPECÍFICAS:
- El instructor debe tener cuidado para detectar durante el desarrollo del ejercicio, los sentimientos de los participantes, así como si alguno de ellos hiciera lo mismo. Esto puede servir para aclarar la diferencia entre experimentar sentimientos y reconocerlos. El ejercicio puede detenerse a consideración del instructor.

DESARROLLO:
- El instructor solicita a los miembros del grupo, que completen verbalmente algunas oraciones señaladas en el rotafolio, relacionadas con situaciones de enojo, por ejemplo:

  1. Llego a enojarme cuando . . .

2. Cuando me enojo yo digo . . .
3. Cuando me enojo yo hago . . .
4. Cuando alguien se encuentra cerca de mí y está enojado, yo . . .
5. Consigo controlar mi enojo mediante . . .
6. Etc.
   (Frases incompletas que de preferencia, se anotan en el rotafolio).

— Se genera una discusión, tomando como punto de partida, las expresiones manifestadas por los participantes.
— Cada participante, hace un estimado de las ocasiones en que llega a sentirse enojado, molesto o irritado (por semana o por día).
— Estos estimados, se anotan en el rotafolio y se discuten grupalmente acerca de la cantidad de enojo que puede experimentar una persona.
— Se llega a conclusiones.

Ejercicio 142: COMPAÑÍA "A B C"

USOS:
- Analizar el comportamiento de los colaboradores ante diferentes tipos de liderazgo.
- Permite diagnosticar sobre la mejor forma de entrevistar a los colaboradores.

RECURSOS MATERIALES:
- Un salón amplio que permita el diálogo entre las triadas.
- Hoja de instrucciones para los jefes, subalternos y observador.
- Lápices.

DURACIÓN:
- 5 minutos para el análisis de instrucciones.
- 15 minutos para la entrevista.
- 20 minutos para la evaluación.
- Total: 40 minutos.

TAMAÑO DEL GRUPO:
- 24 personas.

DISPOSICIÓN DEL GRUPO:
- Se forman 8 grupos parciales de 3 personas.

INSTRUCCIONES ESPECÍFICAS:
- Ninguna.

DESARROLLO:
- Se solicita que los participantes se numeren del 1 al 3, para que el número 1 sea el jefe, el número 2 subalterno y el 3 observador.
- A la mitad de los jefes se les asigna el papel A y a la otra mitad el papel B.
- Se distribuyen las hojas de instrucciones correspondientes.
- Se propicia el ejercicio.
- Se solicitan comentarios a los observadores.
- Se concluye el ejercicio.

INSTRUCCIONES DEL JEFE TIPO "A"

Usted es un jefe que pertenece a la compañía A B C. La compañía sugiere que por lo menos dos veces al año se tenga una reunión con cada uno de los subalternos, cuyo objetivo sea buscar áreas de mejoramiento en el trabajo.

En esta ocasión usted ha citado al Señor Juan Pérez. El desempeño de Pérez ha sido normal pero usted considera que él puede hacer mucho más. Ha notado que las comunicaciones entre ustedes dos también pudieran ser mucho mejores. Además se ha dado cuenta de ciertos problemas disciplinarios (llegadas tarde, salidas a deshoras, etc.).

Su énfasis en la reunión está en evaluar su relación con Pérez y no a Pérez. (¿Cómo cree usted Pérez, que hemos venido operando los dos últimos meses? ¿Cree usted que nos estamos comunicando con suficiente frecuencia? ¿Cómo se siente usted en su trabajo?).

Habrá la posibilidad de que ambos (tanto usted como Pérez), puedan cambiar y hacer algo para solucionar las cosas y rendir más. (¿Cómo podríamos establecer más claridad en nuestras comunicaciones, etc.?) (¿Qué podría hacer yo para ayudarle a cumplir mejor con sus funciones?).

Exprese con franqueza sus opiniones y sentimientos. Oiga con atención.

INSTRUCCIONES PARA LOS JEFES TIPO "B"

Usted es un jefe que pertenece a la compañía A B C. La compañía exige que por lo menos dos veces al año se haga una reunión de evaluación con cada uno de los subalternos.

En este momento usted ha citado al Señor Juan Pérez para conversar durante 10 minutos con él, el resultado de su evaluación.

Es un funcionario que tiene fallas en la disciplina con retardos y salidas durante las horas de trabajo.

Su rendimiento en líneas generales es satisfactorio, lo lleva al día, pero no se esmera en encontrar aspectos nuevos en sus funciones.

Tiene buena capacidad pero no presenta iniciativa ni se le nota un esfuerzo de superación. Se queja de su baja remuneración y de las pocas oportunidades de progreso dentro de la Compañía.

Su papel consiste en hacerle ver las fallas que tiene. Explicarle que la compañía tiene políticas muy precisas en la remuneración, la disciplina, los ascensos y demás aspectos de personal; éstas le serán benéficas en cuanto que cumple con las normas establecidas para ello.

Debe usted lograr que el subalterno acepte las fallas que tiene y se ponga en posición de progreso cumpliendo con lo establecido previamente.

INSTRUCCIONES PARA EL SUBALTERNO

Usted es Juan Pérez, empleado de la compañía A B C, con más de 10 años en la empresa y ha sido llamado por su jefe a una entrevista.

INSTRUCCIONES PARA EL OBSERVADOR

Su papel es observar críticamente el comportamiento y las relaciones de cada una de las dos personas durante la conversación que van a tener delante de usted. Durante esta conversación usted debe permanecer en silencio y buscar las respuestas a preguntas como las siguientes:

1. La relación entre estas dos personas ha sido buena o mala a juzgar por la conversación que usted está observando.
2. ¿Esta conversación tuvo alguna influencia en la relación entre los dos? ¿Fue esta influencia buena o mala?
3. ¿Cuáles son los factores más importantes que influyeron para que el resultado de la conversación fuera el que usted identificó en la pregunta anterior?

138

Ejercicio 143: TRIADAS DE CONSULTORÍA

USOS:
- Permite que los participantes accedan al análisis de su propia autoevaluación de estilo de consultoría.
- Explora las áreas de oportunidad de consultoría.
- Propicia una práctica de consultoría "uno a uno", en la que se pueden descubrir talentos no aprovechados.

RECURSOS MATERIALES:
- Un salón amplio y bien iluminado, donde las triadas puedan trabajar sin interferir unas con otras.
- Una copia del inventario de Habilidades de Consultoría, para cada participante.
- Una copia de la Hoja para Observadores de Habilidades de Consultoría, para cada participante.
- Lápices, hojas de rotafolio y marcadores.

DURACIÓN:
- Aproximadamente dos horas.

TAMAÑO DEL GRUPO:
- Veinte personas, aunque mientras las triadas no se estorben, puede ser mayor el grupo.

DISPOSICIÓN DEL GRUPO:
- En triadas.

INSTRUCCIONES ESPECÍFICAS:
- Es recomendable que este ejercicio, se ponga a un grupo que ha estado trabajando junto, durante uno o dos días.

DESARROLLO:
- El facilitador presenta los propósitos del ejercicio, obviamente dentro del contexto adecuado, y a través de la discusión, invita a los participantes a realizarlo.
- A los participantes se les hace entrega de una copia del inventario en Habilidades de Consultoría y se les pide que lean las instrucciones cuidadosamente y lo

hagan en forma individual (hay que cuidar de que se tomen unos quince minutos aproximadamente).

— Se forman las triadas y se les pide a los participantes, que se identifiquen a sí mismos como: A, B y C.

— El facilitador de las siguientes instrucciones: Durante la primera ronda, el participante A, será "cliente" y presentará los resultados de su inventario. El participante B, hará el papel de primer "consultor", su tarea es la de iniciar una relación de ayuda con el cliente. El participante B, hará el papel de primer "consultor", su tarea es la de iniciar una relación de ayuda con el cliente. El participante C, jugará el papel de "observador", su tarea consiste en llenar la Hoja de Observadores de Habilidades en Consultoría.

— A cada triada se le entregan tres copias de la Hoja de Observadores en Consultoría.

— Se inicia la primera ronda. El facilitador detiene el proceso, después de pasados veinte minutos y solicita que todos los participantes C, reporten sus observaciones; con esta publicación, se conduce una nueva discusión durante unos quince minutos, a través de la cual se tratará de afinar la capacidad de Observación y registro de los participantes en torno a las conductas de consultoría.

— Se inicia la segunda ronda con la indicación de que giren los papeles en el sentido de las manecillas del reloj. El participante B, se convierte en cliente y C se convierte en consultor y A, en observador. A los veinte minutos, el facilitador detiene el proceso y da comienzo a la publicación y discusión, ya señalados en el punto anterior.

— Se inicia la tercera ronda girando nuevamente los papeles. El participante C, será el cliente A, la hace de consultor y B, es el observador. A los veinte minutos se repite el proceso de publicación y discusión.

— Se instruye a las triadas para que obtengan de todo el ejercicio, una mayor conceptualización en torno a los valores y principios implicados en la consultoría; así como una lista de aquellas conductas que ayudan y facilitan la labor del consultor y aquellas conductas que la obstaculizan y la desvían (se solicita reporte en hoja de rotafolio).

— En plenaria, se realizan tanto las conclusiones de las triadas, como el proceso de todo el ejercicio, tratando de llegar a generalizaciones que puedan ser "aterrizadas" en aplicaciones concretas por los participantes.

VARIACIONES:

— Pueden utilizarse inventarios diferentes a los propuestos.
— Una discusión relativa a los estilos de consultoría puede preceder a la formación de triadas.
— Pueden ser asignados estilos específicos de consultoría a cada participante de triada, a manera de juego de papeles.
— La lista de reactivos en la Hoja de Observadores puede contemplar escalas numéricas que impliquen mayor detalle en el proceso de retroalimentación.
— Los participantes pueden ser orientados para que discutan algún problema real, a manera de estudio de casos, para aplicar los resultados de observación y registro que les dejó el ejercicio.

INVENTARIO DE HABILIDADES DE CONSULTORÍA

INSTRUCCIONES:

Esta lista de chequeo ha sido diseñada para ayudarle a pensar acerca de varios aspectos de las conductas involucradas en la consultoría. Le da una oportunidad de evaluar sus habilidades y de establecer sus propias metas de crecimiento y desarrollo.
Para usarlo mejor:

1. Recorra la lista de actividades y decida en cuáles está usted haciendo lo adecuado, en cuáles necesita hacer menos. Ponga una marca en el lugar apropiado.
2. Algunas actividades que son importantes para usted, quizá no se encuentren enlistados. Escriba esas actividades en las líneas en blanco.
3. Lea cuidadosamente, sus contestaciones y circule los números de tres o cuatro actividades que usted esté dispuesto y necesite mejorar a partir de hoy.

HABILIDADES GENERALES	ESTOY BIEN	NECESITO HACER MÁS	NECESITO HACER MENOS
1. Pensar antes de hablar.			
2. Estar satisfecho con mi desarrollo educacional.			
3. Ser breve y conciso.			
4. Entender mi motivación para trabajar en una buena profesión.			
5. Leer frecuentemente sobre procesos de grupo.			
6. Separar aspectos personales de trabajo.			
7. Escuchar activamente a otros.			
8. Apreciar el impacto de mi propia conducta.			
9. Ser consciente de mi necesidad de competir con otros.			
10. Tratar con conflictos y enojo.			
11. Construir una atmósfera de confianza y apertura.			
12. Tener una teoría básica clara.			

	ESTOY BIEN	NECESITO HACER MÁS	NECESITO HACER MENOS

SINTIENDO Y DIAGNOSTICANDO

13. Ayudar a los clientes a descubrir sus propios problemas.

14. Hacer preguntas directas.

15. Inspirar confianza al cliente en mi habilidad para hacer el trabajo.

16. Desear no ser necesitado por el cliente.

17. Ofrecer y encontrar respuesta a las dudas.

18. Hacer a un lado a los otros.

19. Esperar que los clientes usen mis soluciones.

20. Ayudar a los clientes a generar soluciones para sus propios problemas.

21. Aceptar la definición del problema dada por el cliente.

CONTRATACIÓN

22. Hablar acerca de dinero y pagos sin pena (vergüenza).

23. Prometer sólo lo que se puede cumplir.

24. Decir no sin sentir culpa o miedo.

25. Trabajar bajo presión en fechas o tiempos límite.

26. Fijar objetivos realistas a los clientes.

27. Presentar mis inclinaciones y fundamentos teóricos.

28. Trabajar confortablemente con las figuras de autoridad.

29. Dejar que el otro se lleve el mérito.

30. Trabajar con personas sin otorgar preferencias.

31. Dar al cliente restricciones y limitaciones.

32. Evaluar necesidades personales para determinar la aceptación del contrato.

	ESTOY BIEN	NECESITO HACER MÁS	NECESITO HACER MENOS
SOLUCIÓN DE PROBLEMAS			
33. Enunciar problemas y objetivos claramente.	_____	_____	_____
34. Resumir discusiones.	_____	_____	_____
35. Vender mis ideas con efectividad.	_____	_____	_____
36. Ayudar a los clientes a mantener una secuencia lógica de resolución de problemas.	_____	_____	_____
37. Evaluar las soluciones inefectivas.	_____	_____	_____
38. Describir la manera en que otros clientes resolvieron un problema similar.	_____	_____	_____
39. Pedir la ayuda de otros.	_____	_____	_____
40. Evaluar críticamente las soluciones posibles.	_____	_____	_____
41. Contribuir con varias técnicas para la solución creativa de problemas.	_____	_____	_____
IMPLEMENTACIÓN			
42. Atender a los detalles.	_____	_____	_____
43. Ayudar a los clientes en el uso de sus fuerzas y recusos.	_____	_____	_____
44. Asumir la responsabilidad.	_____	_____	_____
45. Cambiar los planes cuando surgen emergencias.	_____	_____	_____
46. Construir y mantener la moral.	_____	_____	_____
47. Pedir retroalimentación acerca del impacto de mis presentaciones.	_____	_____	_____
48. Controlar mi ansiedad mientras estoy haciendo mi tarea.	_____	_____	_____
49. Intervenir sin amenazar a mis clientes.	_____	_____	_____
50. Intervenir en el momento adecuado.	_____	_____	_____
51. Admitir errores.	_____	_____	_____
52. Admitir estar a la defensiva.	_____	_____	_____

	ESTOY BIEN	NECESITO HACER MÁS	NECESITO HACER MENOS

EVALUACIÓN

53. Evaluar mis propias contribuciones en forma realista.

54. Reconocer el fracaso.
55. Sentirse cómodo con los clientes que revisan mi trabajo.
56. Tratar con cambios imprevistos.
57. Diseñar formas, inventarios, etc., para ayudar en la evaluación.
58. Depender de la retroalimentación informal.
59. Tomar notas de lo que se ha hecho.
60. Dejar ir cuando se acaba la tarea.
61. Arreglar los siguientes pasos y el seguimiento.
62. Atribuir el fracaso a la "resistencia" del cliente (justificar el fracaso).

INSTRUCCIONES PARA EL OBSERVADOR

En la interacción que en tu triada observarás entre el consultor y el cliente, es importante que te fijes si se establece una relación de ayuda genuina. Para lo cual te puedes guiar por los siguientes parámetros:

El consultor logró trasmitir al cliente:

1. Protección psicológica, en términos de:

Indiferencia conceptual						Apoyo en definiciones comunes				
0	1	2	3	4	5	6	7	8	9	10

Observaciones: _____

2. Conciencia de las metas, en términos de:

Indefinición y parcialidad de metas						Definición común de metas				
0	1	2	3	4	5	6	7	8	9	10

Observaciones: _____

3. Orientación a la autogestión, en términos de:

Pautas paternalistas dependientes						Pautas de autodirección				
0	1	2	3	4	5	6	7	8	9	10

Observaciones: _____

4. Búsqueda de expectativas de éxito, en términos de:

Ausencia de expectativas Adecuación de expec-
de asunción del rol   tativas de asunción
           del rol

0	1	2	3	4	5	6	7	8	9	10

Observaciones: _____

5. Establecimiento de caminos para la consecución de metas, en términos de:

Indefinición de mecanismos Definición de mecanis-
para el control de la conducta mos para el control de
           la conducta

0	1	2	3	4	5	6	7	8	9	10

Observaciones: _____

6. Empleo del feed-back, en términos de:

Consejos   Refuerzo
generales   selectivo

0	1	2	3	4	5	6	7	8	9	10

Observaciones: _____

7. Fijación de compromisos de cambio, en términos de:

Recomendaciones   Gestación conjunta
manipuladas de cambio   de cambios a lograr

0	1	2	3	4	5	6	7	8	9	10

Observaciones: _____

Cada uno de estos parámetros requieren de observaciones conductuales claras, de manera que cuando se termine la intervención, tú estés en condiciones de brindar una retroalimentación basada en conductas concretas, a tu compañero que ha fungido como consultor.

Ejercicio 144: ATENCIÓN Y PLANEACIÓN

USOS:
- Medir la capacidad de atenerse a instrucciones escritas.

RECURSOS MATERIALES:
- Salón amplio e iluminado.
- Hoja de instrucciones.
- Lápices.

DURACIÓN:
- 3 minutos para el ejercicio.
- 15 minutos para conclusiones.

TAMAÑO DEL GRUPO:
- Ilimitado.

DISPOSICIÓN DEL GRUPO:
- Libre.

INSTRUCCIONES ESPECÍFICAS:
- Ninguna.

DESARROLLO:
- Se entregará a cada participante la hoja de instrucciones no mencionando verbalmente el tiempo, pero sí haciendo sentir la presión de hacerlo rápido.
- Se discute el ejercicio tratando de llegar a conclusiones.

HOJA DE INSTRUCCIONES

ANEXO 1

1. Siempre hay que leer todas las cosas con cuidado antes de actuar.
2. Escriba su nombre arriba, en el ángulo superior derecho de esta hoja.
3. Rodee con un círculo la palabra "nombre" en la instrucción 2.
4. Dibuje cinco cuadros pequeños en el ángulo inferior izquierdo de esta hoja.
5. Escriba una X en cada uno de los cinco cuadros que ha dibujado.
6. Rodee con un círculo cada uno de los cuadros que ha dibujado.
7. Firme debajo del título de esta página.
8. Después del '+' escriba sí, sí, sí. +
9. Rodee con un círculo el número de la instrucción 7.
10. Escriba una X mayúscula en el ángulo inferior izquierdo de esta hoja.
11. Dibuje un triángulo alrededor de esta X mayúscula.
12. En el reverso de esta hoja multiplique 70×30.
13. Dibuje un círculo alrededor de la palabra "hoja" en la instrucción 4.
14. Pronuncie en voz alta su primer nombre de pila cuando llegue a esta instrucción 14.
15. Si cree que hasta ahora se ha atendido correctamente a las instrucciones diga "sí" en voz alta.
16. Sume $107 + 278$ en el reverso de esta suma.
17. Rodee con un círculo el resultado de esta suma.
18. Cuente con voz muy alta: 1, 2, 3, 4, 5, 6, 7, 8, 9, 10.
19. Diga en voz alta: "soy el que mejor se atiene a las instrucciones".
20. Ahora que ha terminado de leer cuidadosamente estas instrucciones, lleve a cabo solamente las instrucciones 2 y 3.

Ejercicio 145: JUGUEMOS A DECIR MENTIRAS

USOS:
- Ayuda a aclarar los propios pensamientos expresando lo contrario de lo que se siente.
- Permite descubrir el sentido y la verdad de nuestras emociones.
- Auxilia en el procesamiento de conflictos grupales.

RECURSOS MATERIALES:
- Un salón amplio e iluminado.

DURACIÓN:
- 5 minutos para cada persona.

TAMAÑO DEL GRUPO:
- 20 personas.

DISPOSICIÓN DEL GRUPO:
- Equipos de 5 personas.

INSTRUCCIONES ESPECÍFICAS:
- Se debe elegir el momento más álgido en el desarrollo del evento.

DESARROLLO:
- Se pide que actúen expresando sentimientos contrarios a los reales, en otras palabras, que polaricen lo que en ese momento están sintiendo por cada uno de sus compañeros y que manifiesten en enunciados cortos estas negaciones de sus propios sentimientos a cada uno de ellos.
- El facilitador da algunos ejemplos y de preferencia, sin estructuración alguna, pide al grupo que alguien comience la primera ronda y así sucesivamente.
- Se piden comentarios y conclusiones sobre la experiencia.

Ejercicio 146: CONVERSACIÓN EN GRUPOS

USOS:
- Desarrolla un clima compatible y que facilita la interacción del grupo para compartir experiencias personales.
- Integra a los participantes que no conocen a nadie y rompe prejuicios o resentimientos, rápida y cordialmente.
- Motiva a los miembros de un grupo para apreciar lo que haya de común en sus vidas.
- Aparta a la gente de la rutina teórica.
- Rompe el hielo al inicio de un evento.

RECURSOS MATERIALES:
- Salón amplio y bien iluminado.
- Hoja de patrones de conversación.

DURACIÓN:
- Depende de las necesidades del grupo. (Puede ser de 15 minutos como un preludio a otras actividades del grupo o planearse para una sesión entera o varias sesiones.)

TAMAÑO DEL GRUPO:
- 12 o más personas (cuando el grupo es de menos de doce participantes, la experiencia puede llegar a ser más intensa de lo pensado).

DISPOSICIÓN DEL GRUPO:
- En círculo.

INSTRUCCIONES ESPECÍFICAS:
- Ninguna.

DESARROLLO:
- El instructor pide a los participantes que compartan experiencias, más que opiniones. Que no es una discusión, sino un compartir cálido y afectuoso.
- El instructor fomentará que la conversación se inicie con descripciones de experiencias infantiles que ilustren las actitudes y sentimientos individuales de los participantes hacia el tema.

— Conforme avance la conversación, el instructor dejará que se relaten experiencias post-infantiles para llegar luego al presente.
— Se comenta el ejercicio.

HOJA DE PATRONES DE CONVERSACIÓN

CONVERSACIÓN EN GRUPO

1. Los demás comúnmente . . .
2. El mejor indicio del éxito personal es . . .
3. Cualquiera trabajaría duro si . . .
4. La gente pensará de mí que . . .
5. Cuando no me controlo . . .
6. El matrimonio puede ser . . .
7. Nada es tan frustrante como . . .
8. La gente que quiere tener cosas debería ser. . .
9. Yo extraño . . .
10. Lo que me gustaría respecto a mí mismo es . . .
11. En ocasiones yo . . .
12. Me gustaría ser . . .
13. Cuando tengo algo que decir. . .
14. Cuando niño yo . . .
15. El maestro que mejor me caía era una persona que . . .
16. Es divertido . . .
17. Mi cuerpo es . . .
18. Hablando de muchachas (hombres) . . .
19. Amar a alguien . . .
20. De aquí a diez años, yo . . .

Ejercicio 147: CRÍTICA Y AUTOCRÍTICA

USOS:
- Permite dar y recibir feed-back sobre diferentes comportamientos a lo largo del proceso grupal.
- Sirve para evaluar los aspectos más constructivos y destructivos del grupo y las personas.
- Propicia un clima de amistad más profunda.
- Permite crear un clima de autocrítica y evaluación constantes.

RECURSOS MATERIALES:
- Un salón amplio e iluminado.

DURACIÓN:
- 10 ó 12 minutos por cada participante.

TAMAÑO DEL GRUPO:
- Hasta 20 personas.

DISPOSICIÓN DEL GRUPO:
- Libre.

INSTRUCCIONES ESPECÍFICAS:
- Este ejercicio presupone siempre que el grupo haya manejado de alguna manera el feed-back.
- El ejercicio de crítica y autocrítica es un feed-back en condiciones óptimas.
- Las críticas y autocríticas deben ser pedidas y dadas libremente, con espíritu de colaboración a partir de situaciones concretas, específicas. Conviene también la verificación constante. Hará falta aportar siempre los aspectos positivos y negativos.

DESARROLLO:
- El ejercicio consiste en que un voluntario, siempre libremente, pase al frente y haga su propia autocrítica.
- Enseguida los demás participantes que lo deseen hacen una crítica al voluntario, en un lenguaje concreto, de relación personal y con sencillez.
- Y así, sucesivamente hasta el último voluntario.
- Se llega a conclusiones.

Ejercicio 148: FOTOPROYECCIÓN

USOS:
- Permite a cada quien expresar su manera de ser.
- Sirve para descubrir cómo cada persona se expresa según su propia historia.

RECURSOS MATERIALES:
- Un salón amplio e iluminado.
- Una fotografía por equipo que manifieste una situación humana en forma un poco oscura para que su significado no sea evidente, pero no en forma tan velada, que su significado sea totalmente vago, es decir, una fotografía que preste a la imaginación y a la proyección personal.

DURACIÓN:
- 20 minutos.

TAMAÑO DEL GRUPO:
- Ilimitado.

DISPOSICIÓN DEL GRUPO:
- Equipos de 5 a 7 personas, círculos.

INSTRUCCIONES ESPECÍFICAS:
- El instructor debe explicar que hay muchas formas para conocerse en grupo. Que el conocimiento se va a dar sobre todo por el trabajo y la relación de las personas frente a un trabajo común. Hay algunos ejercicios que mediante una tarea común, facilitan el conocimiento de otras personas, y de su historia previa.

DESARROLLO:
- El facilitador muestra una fotografía: "cada equipo recibirá una foto", cada uno de ustedes tendrá 5 minutos para escribir qué sucedió antes de esa foto, qué está pasando en ella y qué va a suceder después.
- Van pasando así uno tras otro, hasta que pasen todos los voluntarios. El facilitador estará atento para aportar su crítica en forma oportuna. Es conveniente que él haga también autocrítica y sea criticado.

— Un plenario breve para evaluar y retroalimentar esta experiencia es muy conveniente.
— Cuando cada participante haya escrito su narración comentará en forma verbal, por lo menos durante tres minutos, con sus compañeros de equipo su percepción del antes, el ahora y el después de la foto.
— Cuando cada quien haya dicho su percepción, el instructor pedirá a cada grupo que surja un voluntario para participar en un plenario breve.

Ejercicio 149: AGENDA DE DISCUSIÓN

USOS:
- Destaca el correcto empleo de la argumentación.
- Propicia el análisis de niveles argumentales.
- Permite entender la necesidad de escuchar en la discusión.

RECURSOS MATERIALES:
- Un salón amplio y bien iluminado.
- Hojas de Agenda de Discusión.

DURACIÓN:
- 45 minutos.

TAMAÑO DEL GRUPO:
- 21 personas.

DISPOSICIÓN DEL GRUPO:
- En triadas que se deben separar unas de otras para evitar ruidos o interferencias.

INSTRUCCIONES ESPECÍFICAS:
- Es conveniente que el facilitador pueda exponer un esquema argumentativo, en el cual dé cabida a una explicación de las estrategias y niveles lógicos en los cuales se puedan ubicar las propuestas y contrapuestas de los participantes.

DESARROLLO:
- Se forman las triadas.
- Los participantes de cada terna, denominarán: A, B y C.
- A, escoge un tema y lo expone a B, quien sólo escucha.
- B, resume lo dicho por A, y después da su propia opinión. (Si se le resumen es inadecuado, C, corrige).
- Después de 7 minutos, B, escoge un tema, C, escucha y A, pasa a ser moderador y se repite el proceso.
- Después de 7 minutos, C, escoge un tema, A, escucha y B, es moderador.
- Se reúne todo el grupo y se comenta el ejercicio, haciendo mucho énfasis en el análisis argumental y lógico, evitando, hasta donde sea posible, entrar en los mismos temas de discusión.

EJEMPLO DE AGENDA DE DISCUSIÓN

1. ¿El sistema académico actual favorece una buena educación integral?

2. ¿La política económica actual del gobierno, es la que sacará al país de la crisis? ¿Por qué?

3. ¿Las relaciones sexuales premaritales, son aceptables o no?

4. ¿Es correcta la liberación penal del aborto?

5. Otros temas de interés actual . . . (pueden ser más polémicos los temas a discutir).

Ejercicio 150: IDENTIFICACIÓN SENSORIAL

USOS:
- Desarrolla la sensibilidad de los miembros de un grupo.
- Ayuda a detectar reacciones emocionales y expectativas de los participantes.
- Sirve para observar los comportamientos de liderazgo, indiferencia y participación.

RECURSOS MATERIALES:
- Un salón amplio, sin bancas y silencioso.
- Una naranja y un trozo de plastilina para cada participante.

DURACIÓN:
- 90 minutos.

TAMAÑO DEL GRUPO:
- Ilimitado, pero en números pares.

DISPOSICIÓN DEL GRUPO:
- Se forman grupos de cuatro personas con las que consideren que no les unen lazos de amistad.
- Se deben colocar cómodamente, sentados en cualquier lugar del salón.

INSTRUCCIONES ESPECÍFICAS:
- Ninguna.

DESARROLLO:
- Se relaja al grupo. Hablando pausadamente se les indica que perciban su naranja: Que la tomen, la palpen, la huelan, que sientan su textura, su tamaño, su forma, que vean su color para identificarla.
- Posteriormente de esta percepción se indica que la pasen a su compañero de al lado y así sucesivamente para hacerla rotar.
- Se hace un alto a la rotación y se les pide que identifiquen su naranja.
- Se forman parejas con alguna persona a la que quisieran conocer, viéndose frente a frente, tomados

de la mano y con los ojos cerrados, se les indica que traten de sentir la forma y la textura de las manos, los brazos y la cara.

— De espaldas y juntando hombro con hombro, deben tratar de comunicarse por medio de movimientos, tratando de transmitir algo a su compañero.

— A cada participante se le da un trozo de plastilina al que debe tratar de darle forma expresando lo que siente de su compañero.

— Al terminar cada uno su figura, se dan vuelta. Se utiliza la retroinformación y se comunican lo que representa la figura de plastilina.

— Al finalizar, se comenta el ejercicio en grupo.

Ejercicio 151: MIS ZONAS OCULTAS

USOS:
- Propicia la comunicación intragrupal de manera espontánea y abierta.
- Permite un conocimiento personal acerca de la percepción que el grupo tiene de uno.
- Para clausuras de eventos.

RECURSOS MATERIALES:
- Un salón amplio e iluminado para que los participantes puedan desplazarse.
- Cinta adhesiva, hojas tamaño oficio, lápices.

DURACIÓN:
- 1 hora.

TAMAÑO DEL GRUPO:
- 15 a 20 personas.

DISPOSICIÓN DEL GRUPO:
- Libre.

INSTRUCCIONES ESPECÍFICAS:
- Se recomienda su implementación en grupos que muestran cohesión.

DESARROLLO:
- El instructor solicita que cada participante doble por la mitad una hoja tamaño oficio. En la parte superior de la hoja, anotarán la leyenda: "yo soy"; y dará 5 minutos para que los participantes anoten 10 características, que mejor definan su personalidad. No deberán hacer anotaciones en la parte inferior de la hoja. En seguida, en la parte inicial de la mitad inferior, anotarán la leyenda "creemos que eres"; se abren dos puntos y se deja en blanco.
- Cuando todos los participantes tienen sus hojas elaboradas, se proceden a colocárselas con cinta adhesiva en la espalda.
- Se colocan de pie, con sus hojas adheridas, y el instructor indica que deberán permitir que todos los

participantes realizan anotaciones en la parte final de la hoja donde muestren la opinión que tienen respecto de esa persona.

Deberá cuidarse que todos anoten en todas las hojas y reciban la opinión de todos los otros participantes.

— Vuelven a su lugar en la mesa, desprenden sus hojas y las leen de manera individual.

— Al final cada participante, lee toda su hoja frente al grupo.

Ejercicio 152: LA MAGIA DEL PODER

USOS:
- Hacer surgir preguntas acerca de los usos del poder en una sociedad de competencia.
- Permite tener una vivencia acerca de las relaciones conflictivas entre las clases sociales en una sociedad de acumulación individual de la riqueza.

RECURSOS MATERIALES:
- Un salón amplio e iluminado.
- Tres pliegos de cartoncillo.
- Tres plumones.
- Tres sobres tamaño esquela.
- Número suficiente de insignias de cartoncillo en forma de cuadrados, círculos y triángulos.
- Alfileres para todos, cinta adhesiva.
- Dos o tres listas de los valores de las fichas.
- Dos o tres listas de valores adicionales por acumulación de varias fichas del mismo color.
- Determinación del número de fichas requeridas para el juego. El número total de fichas amarillas requeridas es el número de cuadrados, más dos. El número de fichas verdes requeridas es el número de cuadrados más el número de círculos, más uno. El número de fichas rojas, blancas y azules requeridas, es cinco veces el número de participantes menos el número total de fichas verdes y amarillas requeridas, debe haber más o menos un número igual de rojas, blancas y azules.
- Nueve hojas de papel tamaño esquela un poco coloreadas y con un número 20 en medio (bonos).

DURACIÓN:
- De 90 a 120 minutos.

TAMAÑO DEL GRUPO:
- 21 personas.

DISPOSICIÓN DEL GRUPO:
- Se forman 3 equipos de siete personas cada uno, si hay más participantes, quedarán como observadores.

— Se distribuyen sillas para los 3 grupos que estén colocados lo más lejos posible, uno de otro.

— En la pared cerca de cada grupo, un cartoncillo a modo de pizarrón.

INSTRUCCIONES ESPECÍFICAS:

— Este es el juego en el que una sociedad dividida en 3 clases de baja movilidad, se construye por medio de la distribución de la riqueza en forma de fichas. Los participantes tienen la oportunidad de pasar de un nivel de la sociedad a otro, mediante la adquisición de riqueza por medio de negociaciones entre ellos. Una vez que la sociedad es establecida, al grupo con mayor poder se le da el derecho de hacer las reglas del juego. Generalmente, ellos hacen reglas que los otros consideran injustas, fascistas y explotadoras. Por lo general se organiza una revuelta contra las reglas y quienes las hicieron.

DESARROLLO:

— División de los participantes y asignación de fichas: Los participantes, se dividen en tres grupos iguales llamados: cuadrados, círculos y triángulos. Los grupos deberán sentarse en círculos separados. Cada persona lleva un símbolo representando su grupo. Ejemplo: los triángulos, un triángulo, los cuadrados un cuadrado, los círculos, un círculo. Cada participante, recibe 5 fichas. Cada cuadrado recibe una ficha amarilla, una verde y tres revueltas, seleccionadas entre rojo, blanco, y azul. Cada círculo, excepto uno, recibe una ficha verde y cuatro seleccionadas entre rojo, blanco y azul. Todos los triángulos, excepto uno recibe una mezcla de fichas rojas, blancas y azules.

— Explicación de las reglas:

A. Di a los participantes que este es un juego que envuelve comercio y regateo, y que *las tres personas con mayor punteo, serán declaradas ganadoras*. Probablemente te pregunten después, durante el juego, si habrá un ganador. La respuesta es:

"Los tres individuos con el punteo más alto, serán declarados ganadores". No les digas que a un grupo le será dado el hacer las reglas para el juego.

B. Explica el siguiente sistema de punteo a los participantes:

Cada ficha vale:
- Amarilla ..... 80 puntos.
- Verde .... 25 "
- Azul .... 15 "
- Roja .... 10 "
- Blanca ...... 5 "

C. Se dan puntos adicionales a la persona que consigue reunir fichas del mismo color: 5 fichas del mismo color, valen 25 puntos extras; 4 del mismo color, 15; 3 del mismo color valen 10. Por 2 fichas del mismo color no se dan puntos extras.

D. Explica las siguientes reglas de regateo:

1. Tienen 10 minutos para mejorar su punteo.
2. Mejoran su punteo haciendo un negocio ventajoso con otras personas que no sean de su equipo.
3. Sólo se puede cambiar una ficha por otra. No se pueden cambiar dos fichas por una.
4. Deben tomarse de las manos para hacer el negocio.
5. Cuando un participante da la mano a otro, una ficha de color y valor distinto, ha de ser cambiada. Si una pareja no hace negocio deben quedarse tomados de las manos los diez minutos que dura la operación.
6. No se debe hablar a menos que estén tomados de la mano.
7. Las personas que se cruzan de brazos no tienen que comerciar.

8. Todas las fichas han de mantenerse escondidas. *Esta regla debe ser estrictamente reforzada.*

9. No reveles que a los cuadrados les han sido dadas fichas de mayor valor que a los círculos y triángulos.

10. Otras reglas que tú consideres apropiadas.

E. Cada equipo recibirá un sobre que contiene 5 fichas para cada participante. Ellos decidirán la forma de repartición. Distribuye las fichas en la forma indicada antes. Al terminar los diez minutos de intercambio cada persona hace el conteo total de sus puntos alcanzados y lo anota frente a su nombre.

— Anuncia que habrá una sesión de adjudicación de bonos. Mientras esto sucede recoge las piezas originales distribuidas.

— Explica las reglas de la sesión de adjudicación de bonos que son:

1. Enseña un bono.

2. Da a cada grupo tres bonos.

3. Diles que cada bono vale 20 puntos.

4. Su tarea durante la sesión es distribuir los bonos a los miembros de su grupo.

5. La decisión debe ser tomada por unanimidad.

6. Los bonos deben ser distribuidos en unidades de 20 o más. No se puede partir el bono por la mitad. Esto es: una persona puede recibir los tres bonos y así recibe 60 puntos; tres personas pueden recibir una pieza cada una y así recibir 20 puntos cada una.

7. Tienen tres minutos para distribuir los bonos. Si los grupos no han distribuido los bonos al final de los tres minutos, los puntos les son

retirados por el instructor y ninguno los recibe.

8. Los participantes pueden eliminar a personas de su grupo, mediante un voto mayoritario. (Las personas eliminadas deben formar otro grupo. Deben ser triángulos.)

— Contesta cualquier pregunta.
— Después de tres minutos termina la sesión de adjudicación de bonos.
— Que las personas que obtuvieron puntos por bonos, lo anoten en la pizarra al lado de sus iniciales.

— Mueve a las personas con punteo más alto al grupo de los cuadrados. Si hay un círculo o triángulo con un punteo mayor al de un cuadrado, cámbialos mutuamente. Cualquier cambio ha de ser anunciado a los participantes. Ha de darse a conocer que "X" que era un cuadrado, se ha convertido en un círculo, y que "Y" que era un círculo, es ahora un cuadrado porque adquirió suficientes puntos. En todo caso, es importante que los participantes sepan que los cuadrados están formados por las personas con un punteo más alto.

— Inicia la segunda vuelta.
Nota: repite el ciclo, sesión de negocio, bonos, reclasificación por una o dos veces o hasta que los participantes comprendan el proceso y el hecho de que los cuadrados tienen mayor punteo.

— Más o menos después de la segunda sesión de bonos, anuncia que porque los cuadrados han trabajado duro, ellos tienen ahora autoridad de hacer las reglas del juego; aunque cualquier grupo pueda sugerir las reglas, los cuadrados decidirán cuáles serán implantadas. Pueden sugerir a los cuadrados que hagan reglas tales como: Que sea necesario a los triángulos y a los círculos negociar con los cuadrados aunque los primeros tengan los brazos cruzados; requerir a los triángulos y círculos que den a los cuadrados las fichas que pidan sin importar que los triángulos quieran negociar o no; redistribuir las fichas en forma más equitativa, etc.

— Anuncia a todos los participantes las reglas que los cuadrados establecen, a menos que quieran guardarlas secretas.

— De aquí en adelante, jueguen como venga. Lo que probablemente suceda es que los cuadrados hagan reglas muy duras para proteger su propio poder. Esto ha sucedido con casi todo grupo organizado que hasta ahora lo ha jugado. Los círculos y triángulos, o se rinden o se organizan, o se vuelven hostiles, o cometen un acto de frustración y desafío.

— Para el juego cuando se haga evidente que los cuadrados han hecho reglas que los otros consideran injustas y fascistas. Esto sucede generalmente entre las dos y cuatro vueltas.

— Después del juego, reúne al grupo total y discutan las implicaciones del juego en el mundo real.

— Sumario del juego.

1. Prepare la distribución de las fichas.
2. Divida a los participantes en tres grupos.
3. Distribuya los símbolos entre los grupos.
4. Distribuya las fichas.
5. Explique las reglas de negociación.
6. Haga que los grupos negocien por más o menos 10 minutos.
7. Después de este tiempo, pare la sesión y que los participantes vuelvan a su grupo.
8. Anote las iniciales y el punteo de los participantes en la pizarra.
9. Dé tres bonos a cada grupo.
10. Explique las reglas de adjudicación de bonos.
11. Dé a los participantes de 5 a 10 minutos para esta sesión.
12. Mientras estén en esta sesión, colecte todas las fichas originalmente distribuidas y prepárelas para una segunda distribución.
13. Finalice la sesión de adjudicación de bonos.
14. Revise los punteos en la pizarra para anotar los puntos recibidos de la sesión de bonos.

15. Mueva a las personas con mayor punteo a los cuadrados y a las personas con menor punteo a los círculos o triángulos.
16. Repita el proceso.
17. Después de la segunda o tercera vuelta dé a los cuadrados el derecho de hacer las reglas del juego.
18. Juegue como venga de aquí en adelante.

Ejercicio 153: OBSERVACIÓN Y REGISTRO

USOS:
- Mostrar a los participantes, una forma de aproximación al análisis de situaciones problemáticas, para su control.
- Explorar las ventajas y desventajas del análisis colectivo de problemas.
- Estimular el perfeccionamiento de la observación y registro, en beneficio de una mayor objetividad analítica.
- Auxiliar en un esquema de análisis de problemas y toma de decisiones.

RECURSOS MATERIALES:
- Hojas de rotafolio para cada uno de los participantes y marcadores.
- Hoja guía de descripción.
- Un salón amplio y bien iluminado.

DURACIÓN:
- De 60 a 90 minutos.

TAMAÑO DEL GRUPO:
- 16 personas (deseable).

DISPOSICIÓN DEL GRUPO:
- En la descripción de las situaciones problemáticas individual.
- En el análisis de los mismos, colectivo plenario.

INSTRUCCIONES ESPECÍFICAS:
- En este ejercicio, es muy importante que el facilitador esté en condiciones de ayudar, desde una perspectiva lógica, a los participantes, en búsqueda de la determinación de los elementos de análisis. Estando muy atento en distinguir lo que son los mecanismos de defensa de corte emocional dado que son racionalizaciones excesivas a una problemática dada, para evitar confrontaciones innecesarias.
- Si el grupo ya ha sido instruido en el manejo de "Patrones Cerebrales", se puede utilizar este ejercicio como práctica de los mismos.

DESARROLLO:
- Ya distribuidas las hojas, se les pide a los participantes que describan una situación problemática actual que les esté afectando, ya sea en el trabajo, en la familia, o en la sociedad.
- Esta descripción debe contemplar una clarificación de: a) los antecedentes de la situación; b) del estado actual de la situación y sus implicaciones y desde luego c), la descripción de dos posibles cursos de evaluación de la situación y sus consecuencias.
- Se insiste en que no se expresen soluciones, sino solamente los elementos de las situaciones.
- Se fija un tiempo de 15 a 20 minutos para el trabajo individual. Indicándoles a los participantes, que la descripción la pongan en las hojas de rotafolio y que si requieren más hojas las pidan.
- Pasado el tiempo del trabajo individual, el procesamiento se inicia de forma espontánea, o sea, sin estructurar al grupo, siguiendo un orden determinado.
- Las situaciones son leídas por el interesado, para que el grupo inmediatamente, en cada caso, ayude a dimensionar la problemática, a través de preguntas y observaciones relativas a los elementos de la situación.
- El facilitador cuida e insiste en que en esta etapa todavía no se propongan soluciones. Sino que todo el grupo se enfoque a buscar la mayor información posible de las situaciones problemáticas, para enriquecer las hojas de cada participante.

HOJA GUÍA DE DESCRIPCIÓN
DE SITUACIONES PROBLEMÁTICAS

1. En la hoja de rotafolio que se te ha entregado, describe
   una situación problemática, ya sea de forma narrativa o
   gráfica, que contemple:

   a) Una descripción de los antecedentes de la situación.
   b) Una descripción del estado de la situación actual y sus
   implicaciones.
   c) Una perspectiva de por lo menos dos cursos de evolu-
   ción posible de la situación.
   d) Los involucrados en la situación y cómo se ven afectados.

Ejercicio 154: MANIPULACIÓN

USOS:
- Explorar la percepción de los participantes relativo a la comunicación no verbal.
- Desarrollar el autoconocimiento de las sutilezas del proceso de interacción social.
- Establecer caminos para el control emocional.
- Permitir experimentar al participante qué es la empatía.

RECURSOS MATERIALES:
- Salón amplio y bien iluminado, lo suficientemente amplio para permitir el movimiento irrestricto de los participantes.

DURACIÓN:
- De 30 a 45 minutos.

TAMAÑO DEL GRUPO:
- De 12 a 16 personas.

DISPOSICIÓN DEL GRUPO:
- La que elijan los participantes en la primera etapa. Individual para contestar la hoja de preguntas, subgrupal para comentar las hojas y plenaria.

INSTRUCCIONES ESPECÍFICAS:
- Es importante que este ejercicio se haga con grupos con desarrollo avanzado, nunca de inicio, siempre después de que el grupo ha ganado confianza en sus miembros.

DESARROLLO:
- El facilitador pide a los participantes que se distribuyan en el salón, buscando lo que, a intuición de cada uno, es "su lugar" en ese espacio; ya localizado éste, se les pide que adopten la posición más confortable, aquella que propicie su relajación.

  - A través de música o por medio de una verbalización adecuada por parte del facilitador, se les induce a una relajación lo más profunda que se pueda.

— En ese estado se les pide que cierren los ojos invitándolos a seguir las instrucciones que el facilitador les irá brindando.

— Localicen en su experiencia alguna actuación específica que tuviese el propósito definido de manipular a otra persona y en la cual hayan logrado el éxito.

— Se les pide entonces a los participantes, que esta visualización la estudien primero, poniendo en escena mental, que observen cuál fue la forma en que se dio esa manipulación: revisando el tono de voz, los gestos, los argumentos que se emplearon tanto verbales como no verbales, de qué naturaleza fue la obligación a la que se sometió la otra persona en ese acto de manipulación. Esa influencia que se ejerció sobre la otra persona, ¿por qué adquiere la forma de manipulación?, y lo que es más importante, ¿qué objetivo se perseguía en esa manipulación?

— El facilitador deja pasar algunos minutos para que la mentalización se realice completamente y retoma la inducción de la siguiente manera:

— Ahora, aíslen mentalmente los elementos fundamentales del comportamiento que asumieron en esa manipulación y traten de representarse, en su escenario mental, esos rasgos de comportamiento. Por ejemplo, si tú manipulas usando el llanto o la súplica, imagínate llorando o suplicando. Permítete sentir tu comportamiento. Aprende a reconocer lo que tu cuerpo te dice, los mensajes que te envía a través de esos tus gestos, ¿qué quieren significar?

— Pasando un cierto lapso, el facilitador agrega: ya que exploraste el significado de tus gestos, trata de visualizar las reacciones de la otra persona ante tus gestos, esa otra persona a la que estás manipulando en esa ocasión. Nota sus sentimientos a través de sus gestos. Observa cuáles son los elementos de tu comportamiento que la conmueven. Observa cómo la fuerza de tu influencia traslúcida en tus gestos, frases, ademanes, etc., van venciendo las barreras de su postura inicial. Mira cómo tus tácticas gesticulares y argumentativas lo van haciendo ceder envueltas en tu extraordinaria estrategia de devastación de defensas. Es más, actúa estos gestos, nadie te está viendo, reprodúcelos, aisladamente, uno a uno, siente su fuerza, date tu tiempo (pausa). Ahora, deja que la imagen del éxito de tu propósito, se adueñe de la escena ante tus ojos.

— El facilitador deja pasar un tiempo, el suficiente para que la visualización se complete, retomando la inducción de la siguiente manera: Ahora pon mucha atención, vamos a continuar la visualización pero invirtiendo los roles. Comienza por recordar las veces en que tú has sido objeto de una manipulación; escoge la más definida y clara que llegue a tu memoria.

— El facilitador entonces repite todas las etapas anteriores, como ayuda a esta segunda visualización, desde luego que invirtiendo los valores.

— Por último, el facilitador conduce la visualización a la siguiente perspectiva: ya que has hecho el esfuerzo de revivir en ti la experiencia de ser sujeto de una manipulación y ser objeto de manipulación, trata de completar esta visualización localizando a través de la experiencia de este evento, si en algún momento, por medio de tus intervenciones has logrado manipular a algún compañero de este grupo; tratando de determinar qué caracterología gesticular utilizaste para tal propósito. En esta tercera visualización es recomendable que el facilitador sugiera solamente y no conduzca.

— Pasado un tiempo, el facilitador pide a los participantes que nuevamente se separen de esta visualización, respirando hondo y estirando su

cuerpo, para después abrir los ojos y unirse al grupo.
— Se entregan las hojas de preguntas para ser contestadas individualmente.
— Ya llenas, se forman subgrupos para comentarlas y hacer un reporte de la experiencia.
— Se llega a conclusiones.

HOJA DE PREGUNTAS
PARA EL PARTICIPANTE

1. ¿Qué sentiste al verte manipular a una persona? _____

   _____

2. ¿Descubriste algo significativo de tu comportamiento?

   _____

   _____

3. ¿Qué aprendiste de ti? _____

   _____

4. ¿Qué piensas de ti? _____

   _____

5. ¿Cómo te sentiste al verte manipulado? _____

   _____

6. ¿Qué diferencia encontraste? _____

   _____

7. ¿Sientes que has sido manipulado dentro de este grupo?

   _____

   _____

8. Si es así, ¿cómo? _____

   _____

9. ¿Cómo has manipulado al grupo o a sus miembros? ___

   _____

Ejercicio 155: CUERDA Y PALIACATES

USOS:
- Permite analizar la capacidad de coordinación de un grupo.
- Explora la voluntad colectiva orientada hacia la cohesión grupal.
- Propicia el estudio de la sinergia como resultado de la interdependencia individuo-grupo.

RECURSOS MATERIALES:
- Un salón amplio e iluminado (aunque puede realizarse al aire libre, en un jardín o en un patio).
- Una cuerda de 20 ó 30 mts., según el tamaño del grupo (a más personas, más cuerda).
- Un paliacate grande para cada persona (puede ocuparse una venda o una servilleta grande).

DURACIÓN:
- 45 minutos.

TAMAÑO DEL GRUPO:
- 25 a 26 personas máximo.

DISPOSICIÓN DEL GRUPO:
- Libre cuando se dan las instrucciones y propósito del ejercicio y después, según indica el juego.

INSTRUCCIONES ESPECÍFICAS:
- Es conveniente que este ejercicio se realice cuando ya hay bases para suponer que el grupo está integrado, como corroboración de su propia cohesión.

DESARROLLO:
- El facilitador reúne a los participantes, en el espacio en donde se realizará el ejercicio y les plantea las siguientes instrucciones:

    1. Todos los miembros del grupo estarán unidos por la cuerda, que se amarrarán a la cintura, dejando el nudo a sus espaldas. De manera que al estirar la cuerda, puedan hacer que ésta des-

criba el perímetro de un polígono, en donde todos miren hacia fuera del mismo.

2. Es importante que entre cada participante, exista una separación de dos metros, de manera que no puedan tomarse de las manos.

3. Ya habiendo realizado la etapa anterior, se les da a cada participante un paliacate (venda o servilleta) para que se cubran los ojos, para que nadie vea nada.

4. Asegurándose el facilitador, de que nadie está viendo nada, entonces se les pide que hagan un cuadrado perfecto.

5. Si están dentro de un salón, lo único que no se les permite es que utilicen las paredes, de manera que por ese camino no puedan determinar los ángulos rectos.

6. El facilitador funge como árbitro, de tal suerte que él sea quien indicará cuándo está listo el cuadrado. Si el grupo llegase a determinar que ya está listo, aunque no lo esté el cuadrado, el facilitador tendrá que decidir si todavía se le puede exigir un esfuerzo adicional o no.

— Cuando el grupo ha determinado, haber terminado de conformar el cuadrado, el facilitador les pide quitarse los paliacates sin que se muevan de su lugar, para que aprecien qué tan acertado fue el grupo en la realización del ejercicio.

— Se les pide que se desanuden la cuerda, para pasar a la mesa de trabajo y procesar el ejercicio.

— Se llega a conclusiones.

Ejercicio 156: REACCIÓN EN CADENA

USOS:
- Permite un momento de relajación grupal, para continuar o alargar una sesión de trabajo.
- Propicia la distinción tras una jornada prolongada.

RECURSOS MATERIALES:
- Un salón amplio e iluminado, suficientemente espacioso para permitir a los participantes moverse con libertad (puede ser en un jardín).
- Tres hojas de papel periódico grandes para cada participante.

DURACIÓN:
- 30 minutos.

TAMAÑO DEL GRUPO:
- 20 personas máximo.

DISPOSICIÓN DEL GRUPO:
- De pie y libre.
- Este ejercicio tiene el propósito de revitalizar al grupo, por medio de la risa y la broma, por ello es muy importante realizarlo sólo en grupos en los cuales se conocen las personas y han venido trabajando juntos durante, por lo menos dos días, lo cual permite prever una cierta camaradería.
- El facilitador tiene que buscar entre los miembros del grupo, unas tres personas, que le ayuden a provocar la reacción en cadena de periodicazos, con los cuales se pondrá de acuerdo previamente, indicándoles que a su señal y ya habiendo enrollado el papel, todos comiencen a dar periodicazos con discreción a sus compañeros.

DESARROLLO:
- El facilitador invita a los participantes al área más desalojada del salón y les da sus tres hojas de papel periódico a cada uno de ellos.
- Les pide que lo enrollen cuidadosamente y que lo tomen por un extremo para levantarlo por encima de sus cabezas.

- El facilitador verifica que todos hayan hecho lo anterior y grita un "ahora", con el cual él y sus comparsas (aquellos que le van ayudar) comienzan a propinar periodicazos a los miembros del grupo.
- Cuando se haya generalizado la reacción en cadena, la deja fluir unos minutos.
- Cuando considere el facilitador que hay suficiente risa y tono de broma en el grupo para el ejercicio, e invita a los participantes a tomar sus asientos para procesar el juego.
- Se suele hacer énfasis en la reacción en cadena y en la relajación alcanzada.
- Se presenta a los ayudantes del ejercicio y se llega a conclusiones.

Ejercicio 157: COHESIÓN Y DISPERSIÓN

USOS:
- Ayuda a los participantes a analizar las fuerzas que dinamizan a un grupo.
- Permite apreciar la integración de un grupo en base a la actuación de sus miembros.
- Propicia la retroalimentación (feed back) en un grupo, minimizando la sensación de amenaza.
- Auxilia en la observación y registro de papeles desempeñados y actitudes de los participantes.

RECURSOS MATERIALES:
- Un salón amplio y bien iluminado, con un montaje de mesa que permita a los participantes poderse ver las caras.
- Un cuestionario para cada participante.
- Un gafete de mesa para cada participante, evitando que los nombres de las personas no se repitan o puedan ser distinguidos entre sí.
- Pizarrón o rotafolio.

DURACIÓN:
- 90 minutos.

TAMAÑO DEL GRUPO:
- 18 personas cuando mucho.

DISPOSICIÓN DEL GRUPO:
- Sentados a la mesa, con los nombres de cada uno exactamente frente a la persona, de manera que todos puedan verlo.

INSTRUCCIONES ESPECÍFICAS:
- Al facilitador se le recomienda conocer la teoría y práctica de la sociometría de J. L. Moreno, sobre todo el método de notación, para el procesamiento del ejercicio. Sin embargo, si el grupo no se ha cohesionado significativamente, puede manejarse la notación sociométrica por medio de incidencias en lugar de líneas correctivas entre las personas, esto en función de favorecer la expresión libre de los sentimientos.

DESARROLLO:

- El facilitador explica la finalidad del ejercicio e invita a todos los participantes a contestar el cuestionario, para lo cual pide solamente usen los nombres de sus compañeros que aparecen en los gafetes de mesa.
- Se insiste en que todas las preguntas tienen que estar contestadas, y se les da 15 minutos.
- Una vez terminado el llenado del cuestionario, el facilitador les explica que todo grupo se mueve simultáneamente en dos direcciones: a) tarea y b) relaciones, y que es en la medida de cómo las personas se desenvuelven en estas direcciones que aparecen las posibilidades de cohesión de sus miembros.
- De las ocho preguntas del cuestionario, 4 se refieren a tareas y 4 de relación.
- De las cuatro de tarea, la 1 y la 3 se consideran positivas y la 2 y la 4 se consideran negativas.
- De las cuatro de relación, la 5 y la 7 se consideran positivas y la 6 y la 8 se consideran negativas.
- Si el facilitador decide procesar el ejercicio con líneas correctivas, diagrama las posiciones de los participantes en la mesa, transportándolas a un pizarrón o en una hoja de rotafolio; pidiéndole al grupo que vaya dando sus respuestas para que él vaya trazando las líneas correctivas, cuidando de establecer un código, por color o tipo de trazo, que permita a los participantes identificar: "Tarea + o −" y "Relación + o −".
- Este procesamiento sólo se recomienda en grupos cuyos miembros son muy maduros.
- Si por el contrario, el facilitador decide sólo manejar incidencia, éste explica lo relativo a las características de las preguntas en términos de relación y tarea y recoge las hojas del cuestionario, advirtiendo que este procesamiento es totalmente anónimo, para salvaguardar la identidad del opinante y que, tan pronto se procesen los cuestionarios, éstos serán destruidos.
- En el pizarrón o en el rotafolio, según sea el caso, el facilitador establece una matriz de doble entrada en cuya vertical enlista los nombres de los participantes, tal y como aparecen en los gafetes de la mesa, y en

la horizontal, marca cuatro columnas, a saber: tarea positiva, tarea negativa, relación positiva y relación negativa. (Esta gráfica puede hacerla antes).

— Comienza a vaciar la información de los cuestionarios en la matriz, pregunta por pregunta, de manera que los participantes puedan ver la incidencia de su impacto en el grupo.

— Al terminar el vaciado, se procesa, en términos de lo que sienten y lo que piensan de su situación en el grupo.

— Se llega a conclusiones, tratando de explicar grupalmente cómo el desempeño individual afecta la cohesión o dispersión del grupo.

Mi nombre es: _____

CUESTIONARIO

1. Las aportaciones y comentarios que más han ayudado al proceso grupal para alcanzar nuestros objetivos son de:

   _____

2. Las aportaciones y comentarios que menos han ayudado al proceso grupal para alcanzar nuestros objetivos son de:

   _____

3. Meditándolo cuidadosamente, ¿quién crees tú, que te eligió en la pregunta número uno?

   _____

4. Meditándolo cuidadosamente, ¿quién crees tú, que te eligió en la pregunta número dos?

   _____

5. Según tú has podido observar, ¿con qué persona te sientes más ligado emocionalmente?

   _____

6. Según tú has podido observar, ¿con qué persona no podrías sentirte ligado emocionalmente?

   _____

7. Meditándolo cuidadosamente, ¿quién crees tú, que te eligió en la pregunta número cinco?

   _____

8. Meditándolo cuidadosamente, ¿quién crees tú, que te eligió en la pregunta número seis?

   _____

Ejercicio 158: LA CANCIÓN QUE LLEGÓ PARA QUEDARSE

USOS:
- Permite energizar a un grupo cansado, que debe continuar trabajando.
- Propicia un momento de relajación a través de la risa y la broma.
- Ayuda a despejar la mente.

RECURSOS MATERIALES:
- Un salón amplio y bien iluminado.
- Hojas y lápices, para los participantes.

DURACIÓN:
- 30 minutos.

TAMAÑO DEL GRUPO:
- 20 personas.

DISPOSICIÓN DEL GRUPO:
- Sentados a la mesa de trabajo.

INSTRUCCIONES ESPECÍFICAS:
- Este ejercicio está basado en la tradición del albur mexicano o doble sentido. En consecuencia, es un juego verbal que sólo es recomendable realizarlo con grupos en donde la camaradería se preste a este tipo de bromas. Lo cual implica por otro lado, que los participantes se conozcan y hayan venido trabajando juntos, durante varios días.
- No se ponga en ambientes demasiado adustos e intransigentes.

DESARROLLO:
- El facilitador pide a los participantes que en una hoja, pongan su nombre en el margen superior derecho.
- Ya habiendo hecho esto, se les pide a continuación, que en el anverso de la hoja, pongan el nombre de la canción que más recuerden con agrado de cuando eran niños. Y que en el reverso, pongan el nombre de la canción, que actualmente les guste más.

— Se les recomienda que sólo se fijen en el repertorio de canciones de habla hispana, o que traduzcan al español el nombre de la canción, si es menester.
— El facilitador recoge las hojas y con toda seriedad, comienza a leerlas de la siguiente manera:

"A *fulano* por delante le gusta *tal* y por atrás *tal*"
"A *zutano* por delante le gusta *tal* y por atrás *tal*"

— Y así, sucesivamente, hasta leer todas las hojas.
— Es importante, que el facilitador no le gane la risa, si es posible.
— Al terminar, se procesa el ejercicio y se llega a conclusiones.

Ejercicio 159: PRIMERAS IMPRESIONES

USOS:
- Aumentar la comunicación inicial.
- Descubrir nuestro impacto inicial en los otros.
- Reflexionar sobre la importancia de la primera impresión.

RECURSOS MATERIALES:
- Un salón amplio e iluminado.
- Papel blanco.
- Lápices.

DURACIÓN:
- 60 minutos.

TAMAÑO DEL GRUPO:
- De 6 a 12 personas.

DISPOSICIÓN DEL GRUPO:
- Los participantes deben sentarse en círculos, con una mesa donde puedan escribir.

INSTRUCCIONES ESPECÍFICAS:
- Ninguna.

DESARROLLO:
- En la primera reunión del grupo el instructor sugiere que cada persona dé su primer nombre y uno o dos detalles de sí misma.
- Los participantes deben voltear sus sillas, fuera del círculo, de manera que no puedan ver a los otros miembros del grupo, y se les pide que escriban los nombres de los participantes.
- Después de unos tres minutos, voltean sus sillas hacia el grupo y averiguan aquellos nombres que olvidaron.
- Pueden preguntar información adicional para asociarla a los nombres que encuentran difíciles de recordar.
- El grupo discute los nombres, los sentimientos ligados a ellos, las dificultades que experimentan en recordarlos, sus reacciones de no ser recordados, etc.

— El instructor entrega hojas de papel, en la que los participantes deberán escribir una lista del grupo, anotando brevemente sus primeras impresiones de cada miembro del grupo.

— El instructor recoge estas hojas con las primeras impresiones, y las lee en voz alta, anónimamente. Lee todas las impresiones que los miembros tienen del primer participante, quien puede hacer comentarios. Después lee en voz alta todas las impresiones del segundo participante, y así sucesivamente. (Variación: cada persona lee en voz alta las impresiones que ha escrito sobre cada uno de los participantes).

— El grupo discute la veracidad de la primera impresión, los efectos de la primera impresión.

— Se llega a conclusiones.

Ejercicio 160: TARJETAS

USOS:
- Sensibilizar a las personas sobre sí mismas.
- Evaluar el grado de integración y conocimiento mutuo de un grupo.
- Facilitar la autocrítica y la imaginación de algunas posibilidades en la vida de cada quien.

RECURSOS MATERIALES:
- Un salón amplio e iluminado.
- Ocho tarjetas blancas para cada participante.
- Lápices.

DURACIÓN:
- 60 minutos.

TAMAÑO DEL GRUPO:
- Ilimitado.

DISPOSICIÓN DEL GRUPO:
- Libre.

INSTRUCCIONES ESPECÍFICAS:
- Ninguna.

DESARROLLO:
- A cada persona se le entregan 8 tarjetas en blanco.
- El instructor explica que cada quien va a contestar a la pregunta "¿Quién soy yo?" de ocho formas diferentes, dando a cada tarjeta una sola respuesta.
- Las contestaciones deben ser específicas, personales, concretas, evitando las generalizaciones, la vaguedad y las racionalizaciones.
- Serán respuestas que hablen claramente sobre un aspecto importante de sí mismo.
- Se dan unos 10 minutos para que cada quien dé sus respuestas.
- Cuando la mayoría ha terminado se pide a cada quien que revuelva un poco sus tarjetas.
- En seguida, el instructor pide que todos se pongan cómodos, que se relajen y respiren profundamente

varias veces. Después pide a los participantes que tomen algunas de sus tarjetas y se contesten a sí mismos la siguiente pregunta: "¿Qué me sucede a mí ahora si dejo de ser. . . ?" Se trata de que dejen volar a su imaginación, de que procuren ser amplios y concretos en sus fantasías, por ejemplo: ¿Qué cambia en mi cara, en mi ritmo de vida, si dejo de ser. . . ?, o ¿a qué hora me levantaría? ¿Qué tipo de amistades tendría? ¿Esto cómo repercute en mis hijos?, etc.

— Cuando acabes de imaginar qué te sucede ahora si dejas de ser. . . lo que contiene una tarjeta, toma otra y repite el mismo proceso. Hay personas que con una sola tarjeta duran 10 minutos; otros necesitan ver varias y por fin, en alguna se detienen un poco más. Lo importante es que te sientas libre para imaginar vivamente cómo sería un presente distinto si algo importante de ti desaparece.

— Después de 10 ó 15 minutos, según trabaje cada grupo, el instructor pedirá a cada quien que le entregue las tarjetas que sean conocidas por los demás.

— Ya reunidas las tarjetas que han sido libremente entregadas al instructor, éste las revuelve un poco, saca una y la lee en voz alta: después pregunta al grupo: ¿De quién creen que sea esta tarjeta y por qué? Cuando varios han explicado por qué creen que sea de uno o de otro, se pide al autor de la tarjeta que diga quién es.

— Reflexión en plenario sobre el ejercicio.

Ejercicio 161: PRESENTACIÓN ETIMOLÓGICA

USOS:
- Permite romper el hielo, al iniciar un proceso de entrenamiento.
- Propicia el desarrollo del concepto de asociación mnemotécnica.
- Aproxima al participante, al gusto etimológico del lenguaje, en tanto código simbólico.

RECURSOS MATERIALES:
- Un salón amplio e iluminado.
- Un diccionario de nombres propios, de Gutierre Tibón, Ed. Fondo de Cultura Económica, 1986.
- Un diccionario etimológico comparado de los apellidos españoles, hispanoamericanos y filipinos, de Gutierre Tibón, Ed. Diana, 1988.
- Cartoncillos para manufacturar gafetes de mesa.
- Hojas y lápices para los participantes.
- Puede haber más de un diccionario de cada uno.

DURACIÓN:
- 60 minutos.

TAMAÑO DEL GRUPO:
- 18 personas.

DISPOSICIÓN DEL GRUPO:
- Libre.

INSTRUCCIONES ESPECÍFICAS:
- Al facilitador se le recomienda que al no venir todos los nombres en los diccionarios, busque aproximaciones a los mismos, y en el caso de nombres y apellidos extranjeros, trate de traducirlos, como un recurso para darle a todos los participantes, una imagen de su nombre.

DESARROLLO:
- El instructor da a un participante, el diccionario de nombres propios, y a otro participante, el de los apellidos, pidiendo que localicen el significado de

su nombre en los mismos. Si cuenta con más de un ejemplar de cada diccionario, hace lo mismo con otros participantes. Se les pide que no lo comenten todavía.

— Desde luego que si se cuenta con la lista de los nombres de los participantes, la investigación de los significados de los nombres puede traerse de antemano, a sabiendas que esto gana tiempo, pero le resta espontaneidad al ejercicio.

— Cuando cada participante ya tiene el significado etimológico de su nombre, se les pide que uno por uno, lo diga con mímica, o sea, lo actúe sin palabras, frente al grupo.

— Se les dan unos tres minutos cuando mucho, para que lo logren transmitir y si el grupo no descubre del todo el significado, se le pide al participante, que le diga al grupo su nombre y el significado etimológico del mismo.

— Una variante es la de no actuarlo, pero la presentación se hace repitiendo los nombres y sus significados tal y como se van presentando los participantes, en forma circular.

— Al finalizar, se les dan cartoncillos para que manufacturen gafetes de mesa, poniendo primero el significado etimológico de su nombre y apellido y después su nombre y apellido.

— Se procesa el ejercicio, buscando los descubrimientos que hicieron los participantes y viendo si se puede establecer un vínculo entre el significado del nombre y la actuación cotidiana del sujeto portador del mismo.

— Se llega a conclusiones.

Ejercicio 162: VUELA PAPALOTE, VUELA

USOS:
- Propicia el análisis de las aportaciones individuales a una tarea específica de grupos.
- Permite la integración de un equipo.
- Proporciona elementos conductuales para que un grupo se dé retroalimentación.
- Desarrolla la efectividad basada en la competitividad.

RECURSOS MATERIALES:
- Un espacio amplio y a cielo abierto.
- Un salón amplio e iluminado, donde puedan trabajar los grupos, con cierta confidencialidad, en la manufactura de su papalote o cometa.
- 10 pliegos de papel de china rojos.
- 10 pliegos de papel de china verdes.
- 10 pliegos de papel de china azules.
- Y si hay más grupos, más paquetes de 10 pliegos de diferentes colores, para que se puedan distinguir los grupos.
- 10 tramos de varas rectas o de madera de balsa para cada grupo.
- Un carrete de hilo de cáñamo, para cada grupo.
- Un grupo de tela para hacer las colas, para cada grupo.
- Un pegamento de lápiz adhesivo para cada grupo.
- 10 navajas de afeitar de doble filo, por grupo.

DURACIÓN:
- 120 minutos.

TAMAÑO DEL GRUPO:
- 20 personas.

DISPOSICIÓN DEL GRUPO:
- En subgrupos de 4 a 5 personas.

INSTRUCCIONES ESPECÍFICAS:
- Es un ejercicio para ponerlo en donde haga viento, playa o campo.

DESARROLLO:
- El facilitador forma los equipos y les entrega el paquete de material identificándolos por el color de papel de china.
- Les indica que el propósito del ejercicio, es hacer uno o varios papalotes por subgrupos, que vuelen.
- En el caso en que el subgrupo decida hacer varios papalotes, éstos tienen que ser del mismo tamaño y modelo.
- Las navajas son para colocarlas en sus papalotes, dispuestos de tal manera que puedan cortar los hilos de cáñamo de sus competidores, sin que se enreden.
- El papalote que sobreviva, habiendo aniquilado a todos sus competidores y que se mantenga volando todo el tiempo, será el ganador.
- Los papalotes cuyos cáñamos se enreden pero no caigan, pueden ser considerados ganadores, pero el grupo tiene que decidirlo.
- Al terminar, se procesa el ejercicio de preferencia separando en dos etapas el análisis: a) la de manufactura y b) la del vuelo y persecución.
- Se llega a conclusiones.
- Una variable que favorece la competencia, es el de establecer apuestas por grupo no por personas.

Ejercicio 163: LA CARRERA Y LA META

USOS:
- Propicia la integración de un grupo.
- Permite analizar las tensiones y sentimientos que provocan el desempeño individual en el contexto grupal.

RECURSOS DESIGUALES:
- Un espacio a cielo abierto, en donde haya pasto, o de preferencia, arena. La playa es lo más indicado.
- Un par de aletas para nadar, para cada participante.
- Una charola con cinco vasos de plástico llenos con agua, para cada subgrupo.
- Hojas de papel y lápices para cada participante.

DURACIÓN:
- 60 minutos.

TAMAÑO DEL GRUPO:
- 20 personas.

DISPOSICIÓN DEL GRUPO:
- En subgrupos de 4 a 5 personas cada uno.

INSTRUCCIONES ESPECÍFICAS:
- Ninguna.

DESARROLLO:
- El facilitador forma los subgrupos (tratando de que sean o pares o nones, si sobra alguno, lo deja de observador). Entrega las aletas de nadar a cada participante (entre más largas mejor).
- También entrega las charolas, con cinco vasos llenos con agua, cada uno, a cada subgrupo.
- Se marca la pista en donde correrán los subgrupos, tanto en la salida, como en la llegada.
- La mitad de cada subgrupo, se pone en cada extremo de la pista, pues es una carrera de relevos, cuya estafeta es la charola con vasos.
- El subgrupo ganador es el que logra poner a un corredor en primer lugar, con la charola y sus vasos llenos con agua.

— Todos los miembros de los subgrupos tienen que correr con la charola y sus vasos llenos con agua, a todo lo largo de la pista, para pasarla a la charola.

— Al terminar, se procesa el ejercicio para llegar a conclusiones.

Ejercicio 164: . . . COMO LA PALMA DE MI MANO

USOS:
- Explora las dimensiones del conocimiento de sí mismo de los participantes.
- Ayuda a romper el hielo.
- Permite ver que lo obvio puede virtualmente esconder un gran desconocimiento.

RECURSOS MATERIALES:
- Un salón amplio y bien iluminado.
- Hojas de papel tamaño carta para los participantes y lápices.

DURACIÓN:
- 30 minutos.

TAMAÑO DEL GRUPO:
- 20 personas.

DISPOSICIÓN DEL GRUPO:
- Sentados alrededor de una mesa en forma de "U" o herradura.

INSTRUCCIONES ESPECÍFICAS:
- Ninguna.

DESARROLLO:
- El instructor pide a los participantes que coloquen una hoja de papel tamaño carta frente a cada uno de ellos sobre la mesa y que coloquen su mano diestra encima de la misma con la palma hacia abajo, en contacto con el papel.
- Acto seguido, se les pide que con un lápiz tracen el contorno de su mano y que imaginen que están dejando la huella completa de la palma de su mano.
- Se les solicita que oculten la mano dibujada para que no la vean. Y entonces se les pide que tracen todas las líneas de la palma de su mano, hasta donde se acuerden para completar la huella.
- Se les da un cierto tiempo y al terminar se puede comenzar la discusión con la pregunta de que si

¿realmente hay cosas que conocen como la palma de su mano?

— Para el procesamiento puede hacerse un análisis comparativo entre lo dibujado y lo real y las implicaciones de tales discrepancias.

— Se llega a conclusiones.

Ejercicio 165: **PROSOPÓN**

USOS:
- Permite un mayor conocimiento intergrupal.
- Propicia la apertura de las personas ante una realidad grupal.
- Explora el juego de papeles que las personas suelen realizar con sus semejantes.

RECURSOS MATERIALES:
- Un salón amplio e iluminado.
- Un cartoncillo recortado en forma de silueta de una máscara, para cada participante, en blanco.
- Marcadores de colores.

DURACIÓN:
- 45 minutos.

TAMAÑO DEL GRUPO:
- De 12 a 14 personas.

DISPOSICIÓN DEL GRUPO:
- Libre.

INSTRUCCIONES ESPECÍFICAS:
- Es recomendable que el facilitador introduzca este ejercicio de sensibilización, sólo en aquellos grupos que por haber trabajado juntos, por un periodo de dos o tres días, puede pensarse, que se conocen los participantes lo suficiente, como para poder darse retroalimentación.

DESARROLLO:
- Se introduce el ejercicio con un prolegómeno de lo que es una máscara y cómo del rito pasó al teatro y por extensión a los personajes de la vida cotidiana, bajo la noción de persona.
- Se les entrega el recorte de cartoncillo que perfila una máscara y se les indica dónde están los colores, con que pueden "maquillar su máscara".
- Se les pide entonces que en el anverso del cartoncillo, maquillen la máscara del personaje que cotidianamente representan. Señalándoles que no se trata

de revisar sus habilidades pictóricas, sino que a través de colorido y líneas, den el efecto de las características básicas de actitud de ese personaje.

— Asimismo, que en el reverso, maquillen la máscara del personaje que desearían ser.

— Ya realizado el maquillaje de las dos caras, se les pide que hagan una presentación detallada de cada personaje y por qué estiman, cada uno de los participantes, haber adoptado estos personajes y qué beneficios les han conllevado.

— Al terminar las presentaciones se procesa el ejercicio, para llegar a conclusiones.

VARIANTE:

— En lugar de ser recortes de cartoncillo que perfilen una máscara, se puede hacer con bolsas grandes de papel de estrasa, de manera que pueda haber cuatro superficies a maquillar.

— Para las cuatro máscaras, se suelen utilizar las cuatro zonas de la ventana de Johari, en los siguientes términos:

   a) Mi personaje público y abierto a todos.
   b) Mi personaje supuesto por los otros, desconocido para mí.
   c) Mi personaje privado e íntimo, desconocido por los otros.
   d) Mi personaje imaginario desconocido por mí y los otros.

Ejercicio 166: TODOS JUNTOS Y A TIEMPO

USOS:
- Permite el experimentar la sinergia del grupo como la búsqueda comprometida de equilibrio de todos sus integrantes.
- Ilustra vívidamente las contribuciones individuales al grupo.
- Propicia el análisis paralelo de la tarea y el proceso de un grupo.

RECURSOS MATERIALES:
- Un salón amplio e iluminado. Aunque puede ser al aire libre, en un jardín o en una playa.
- Dos rejas plásticas en la que se transportan los refrescos gaseosos vacíos.

DURACIÓN:
- 30 minutos en subgrupos.
- 60 minutos en el caso del grupo completo.

TAMAÑO DEL GRUPO:
- 18 personas.

DISPOSICIÓN DEL GRUPO:
- En subgrupos de 9 personas.
- En un evento de integración de equipos de trabajo puede intentarse, en un segundo esfuerzo, el realizar el ejercicio con todo el grupo.

INSTRUCCIONES ESPECÍFICAS:
- Ninguna.

DESARROLLO:
- Se divide al grupo en dos subgrupos de 9 personas cada uno.
- Se colocan las rejas en el suelo separadas y permitiendo cierta holgura de espacio alrededor de ellos. Las rejas hacia abajo.
- Entonces se les dice a los subgrupos que la tarea consiste en lograr que cada subgrupo permanezca por lo menos un minuto con todos sus integrantes encima

de las rejas, sin hacer contacto con el suelo y sin usar más apoyo que sus propios cuerpos.

— Se les pide que estudien el problema y que cuando estén listos, avisen al facilitador para que éste les tome el tiempo.

— Puede darse el caso de que uno de los dos grupos, no logre realizar la tarea en ese caso, dependiendo del cronograma del evento el facilitador decide si da más oportunidades o pasa a procesar la experiencia.

— La variable de todo el grupo en una sola reja es opcional.

— Al finalizar, se llega a conclusiones.

Ejercicio 167: POEMAS

USOS:
- Permite experimentar las condiciones de interacción necesarias para la solución creativa del problema.
- Ayuda a llegar a una solución creativa en una situación de grupo.

RECURSOS MATERIALES:
- Un salón suficientemente amplio e iluminado para que los miembros de cada subgrupo interactúen sin molestar a los otros.
- Papel y lápiz para cada participante.
- Papel periódico y marcadores de punta fina, para cada grupo (rotafolio).
- Masking tape.

DURACIÓN:
- 90 minutos.

TAMAÑO DEL GRUPO:
- Ilimitado.

DISPOSICIÓN DEL GRUPO:
- Subgrupos de 6 a 8 personas cada uno.

INSTRUCCIONES ESPECÍFICAS:
- Ninguna.

DESARROLLO:
- El instructor informa al grupo entero que los miembros serán divididos en subgrupos después de que individualmente hayan anotado un número de respuestas. A estos subgrupos escogidos al azar, se les pedirá componer un poema con las palabras anotadas por sus miembros.
- Se distribuye papel y lápiz a cada participante y, el instructor da órdenes a cada miembro de poner por escrito un ejemplo de los siguientes términos. (El instructor puede dar una definición o un ejemplo de cada término):

1. Verbo
2. Adverbio
3. Nombre
4. Pronombre
5. Adjetivo
6. Artículo
7. Conjunción
8. Preposición
9. Infinitivo
10. Gerundio

— El instructor divide al grupo total, al azar, en subgrupos de seis a ocho miembros cada uno.
— El instructor notifica a cada subgrupo que componga un poema utilizando las palabras enlistadas por sus miembros. También notifica las reglas para la composición del poema:

a) Todos los poemas tendrán un tema.
b) Cada subgrupo compondrá un poema utilizando sólo las palabras previamente anotadas por los miembros. No podrán emplearse palabras adicionales.
c) El poema debe constar de por lo menos el 75% de las palabras anotadas por los miembros de cada subgrupo.
d) Las palabras no pueden ser repetidas a menos de que hayan sido anotadas por más de un miembro.
e) Los nombres pueden ser cambiados del plural al singular y viceversa y el tiempo de los verbos también.
f) Los subgrupos tendrán veinte minutos para componer y escribir sus poemas en papel para periódico (hojas de rotafolio).
g) Un miembro de cada subgrupo es seleccionado para leer el poema de su grupo. Después de leer cada poema, se "encartela" de manera que todos los miembros puedan verlo.
h) Después de la presentación de los poemas, el instructor lleva a todos los participantes a una discusión de los temas y significados de los poe-

mas, dirige una discusión de las dinámicas de subgrupo y qué miembros trabajaron o no trabajaron juntos creativamente.

VARIACIONES:

— El instructor anuncia un tema para los poemas. Distribuye tiras de papel de diferente color a los participantes. Cada tira contiene una palabra rimante diferente ("amor", "luna", "falso", etc.) y a cada participante se le dan instrucciones de escribir un renglón de una longitud específica, terminado en una palabra que rime con la palabra (pueden utilizarse 3 ó 4 hojas de papel del mismo color para cada palabra rimante). Después se ordena a los participantes asociarse con otros que posean hojas del mismo color para formar un poema fuera del renglón que cada persona haya escrito. Se permiten cambios leves de redacción para formar el poema completo.

— Dentro de la variación anterior (cada conjunto de hojas de color clave) a cada grupo se le puede asignar un tema poético diferente, ej. el amor, el otoño, el mar, un león, etc.

— A cada participante se le pide enlistar 5 pares de palabras rimantes en vez de palabras que ejemplifiquen términos gramaticales. Cada grupo así compone líneas que terminen con cada palabra rimante y se le ordena utilizar el 75% de los pares en su poema.

— En vez de enlistar términos gramaticales, se le pide al grupo entero responder a un número de preguntas con frases de 2 a 4 palabras. A cada subgrupo se le pide utilizar el 75% de las frases en sus poemas. Las preguntas pueden necesitar una variedad de respuestas que traten de sentimientos, valores, propio descubrimiento, etc.

Ejercicio 168: UN CÍRCULO DE AMIGOS

USOS:
— Permite romper el hielo.
— Propicia la confianza inicial entre los miembros de un grupo.
— Ayuda en la integración de equipos de trabajo.

RECURSOS MATERIALES:
— Un salón amplio y bien iluminado; puede hacerse en un patio o en un jardín.

DURACIÓN:
— 20 minutos.

TAMAÑO DEL GRUPO:
— 18 personas.

DISPOSICIÓN DEL GRUPO:
— Todo el grupo.

INSTRUCCIONES ESPECÍFICAS:
— Ninguna.

DESARROLLO:
— En el lugar más espacioso del salón, se pide al grupo que se tome de las manos, para hacer un gran círculo en el cual todos miran hacia el interior del mismo.
— Acto seguido, se les solicita que junten hombro con hombro, y se suelten de las manos, que giren en flanco izquierdo y que tomen la cintura del compañero que tienen al frente.
— Se les pide un momento de concentración y que en un solo movimiento pausado se sienten en las piernas del compañero que tienen atrás.
— Ya realizado esto, se les pide que extiendan sus brazos a los lados y que sientan el equilibrio del grupo, su solidez, su fragilidad.
— Una variable es que ya sentados, caminen una vuelta completa.

— Otra variable es que en esa posición, hagan una presentación personal, que como corolario explique qué pasaría con el grupo si él no estuviese en esa posición.
— Se llega a conclusiones.

Ejercicio 169: SUPERVIVENCIA EN EL BOSQUE

USOS:
- Permite una efectiva comprensión entre lo que es el consenso de un grupo y lo que es decisiones por mayoría, en términos de sus ventajas y desventajas.
- Explora la aplicabilidad del concepto de sinergia, en relación a la obtención de decisiones grupales.

RECURSOS MATERIALES:
- Salón amplio e iluminado.
- Rotafolio o pizarrón, gis o marcadores.
- Hoja de Trabajo Individual e Instrucciones para Trabajo en Grupo, una para cada participante.
- Un lápiz por cada participante.
- Hoja de Respuestas, por participante.

DURACIÓN:
- De 60 a 90 minutos.

TAMAÑO DEL GRUPO:
- 20 participantes.

DISPOSICIÓN DEL GRUPO:
- En el trabajo individual y procesamiento, sentados alrededor de una mesa en forma de "U" o de herradura.
- En el trabajo en corrillos, lo más aislados posible.

INSTRUCCIONES ESPECÍFICAS:
- Ninguna.

DESARROLLO:
- El instructor introduce la actividad en forma breve, explicando su objetivo, su origen y las fases del ejercicio.
- El instructor distribuye copias de la hoja de trabajo individual de Supervivencia en el Bosque, a todos los participantes. Los participantes completan esta hoja en forma individual. (10 minutos aprox.).
- Se forman los grupos y se distribuyen Hojas de Instrucciones para Trabajo en Grupo, a todos los participantes.

- Después de que los participantes han leído en silencio esta hoja, el instructor discute en forma breve sus contenidos (concepto clave).
- Los grupos trabajan separadamente sobre la tarea de búsqueda de consenso (30 minutos aprox.).
- Cuando todos los grupos hayan terminado su tarea, se reúne todo el grupo sentándose cada grupo junto.
- Las estadísticas para todos los grupos se colocan como sigue:

RESULTADO	GRUPO I	GRUPO II	GRUPO III
Rango de Calificaciones Individuales			
Promedio de Calificaciones Individuales			
Calificación para el Consenso de grupo			

- Los grupos discuten su proceso de la búsqueda de consenso y los resultados. *El enfoque debe encontrarse sobre las conductas que ayudan o que obstaculizan la productividad del grupo.*
- Cada participante recibe una copia de la hoja de respuestas para la Supervivencia en el Bosque. El instructor da las respuestas "correctas" y cada participante califica su propia hoja de trabajo: Un voluntario de cada grupo, califica la solución del grupo y anota el promedio para las calificaciones individuales dentro del grupo.
- El instructor conduce una discusión de grupo acerca del procedimiento y los resultados; puede incluir discusiones de liderazgo, compromiso, estrategias de toma de decisiones, ambiente psicológico, roles y aplicaciones de las técnicas aprendidas.

HOJA DE TRABAJO INDIVIDUAL

En esta hoja se encuentran 12 preguntas que tienen que ver con la supervivencia personal en un lugar salvaje. Tu primer tarea es la de seleccionar en forma individual la mejor de las tres alternativas dadas para cada situación. Trata de imaginarte en la situación descrita. Supón que te encuentras solo y que tienes un mínimo de equipo, a menos que se especifique lo contrario. La estación es otoño; los días son cálidos y secos pero las noches son frías.

Después de que hayas completado esta tarea individualmente, tomarás cada pregunta en consideración como miembro de un grupo pequeño. Tu grupo tendrá la tarea de decidir, por consenso, la mejor alternativa para cada pregunta. No cambies tus respuestas individuales, aun cuando cambies de parecer en la discusión de grupo. Tanto las soluciones individuales como las de grupo, serán comparadas posteriormente con las respuestas "correctas" proporcionadas por un grupo de expertos que dan clases acerca de la supervivencia en el bosque.

	TU RESPUESTA:	RESPUESTA DE GRUPO
1. Te has alejado de tus compañeros en el bosque. No tienes equipo especial para señalar. La mejor manera de intentar contactar con tus amigos es: a. Gritar "auxilio" fuertemente pero con tono bajo. b. Gritar lo más fuertemente que puedas. c. Chiflar fuerte y agudo.	_____	_____
2. Te encuentras en "territorio de serpientes". Lo mejor que puedes hacer para evitar a las serpientes es: a. Hacer mucho ruido con tus pies. b. Caminar suave y calladamente. c. Viajar durante la noche.	_____	_____

3. Tienes hambre y estás perdido
   en un lugar salvaje. La mejor
   regla para determinar cuáles
   plantas (que no reconoces) son
   comestibles es: _____   _____

   a. Probar cualquier cosa que
      coman los pájaros.
   b. Probar cualquier cosa me-
      nos plantas que tengan mo-
      ras rojas.
   c. Colocar un poco de la plan-
      ta sobre tu labio inferior
      durante 5 minutos y si todo
      está bien, probar un poco.

4. El día se vuelve seco y calien-
   te. Tienes una cantimplora
   llena de agua (un litro). Debes: _____   _____

   a. Racionarla (una taza al día).
   b. No beberla hasta la noche
      y tomar entonces lo que se
      necesite.
   c. Beber cuando lo necesites,
      lo que necesites.

5. Ya no tienes agua: Tienes mucha sed. Llegas a un lecho seco
   de un río. La mejor oportunidad que tienes para encontrar
   agua es: _____   _____

   a. Cavar en cualquier parte
      del lecho del río.
   b. Sacar raíces de plantas cer-
      ca del lecho del río.
   c. Cavar en el lecho del río en
      la parte exterior de una
      curva.

6. Decides salir de este lugar siguiendo una serie de precipi-
   cios al fondo de los cuales hay
   disponible. Está anocheciendo.
   El mejor lugar para acampar
   es: _____   _____

   a. Cerca del abastecimiento
      de agua en el fondo del pre-
      cipicio.
   b. En lo alto de una loma.
   c. A la mitad de la ladera.

7. Tu linterna brilla tenuemente cuando regresas a tu campamento, después de explorar el lugar. Está oscuro en el bosque y los alrededores te son desconocidos. Debes:

   a. Regresar inmediatamente con la linterna prendida esperando que brillará lo suficiente como para que reconozcas el terreno.
   b. Colocar las pilas debajo de tus brazos para calentarlas, y colocarlas de nuevo en la linterna.
   c. Prender la luz durante algunos segundos, recordar el lugar, moverte en la oscuridad y repetir el procedimiento.

8. Una nevada hace que te quedes en tu pequeña tienda de campaña. Te adormeces con tu pequeña estufa prendida. Existe peligro de intoxicación, si la llama es:

   a. Amarilla.
   b. Azul.
   c. Roja.

9. Debes vadear un río que tiene una corriente fuerte, rocas grandes y de agua blanca. Después que has determinado el lugar por donde vas a cruzar, debes:

   a. Dejarte puestas las botas y tu mochila.
   b. Quitarte las botas y la mochila.
   c. Quitarte la mochila, dejarte las botas puestas.

214

10. En agua que te llega a la cintura y con una corriente fuerte, debes hacerle frente al río caminando:

    a. Río arriba (contra la corriente).
    b. Al otro lado del río (de lado a lado).
    c. Río abajo (a favor de la corriente).

11. Te encuentras donde hay muchas rocas; tu único camino es hacia arriba. El camino va por rocas; tu único camino es hacia arriba. El camino va por rocas resbalosas. Debes:

    a. Caminar sin botas ni calcetines.
    b. Caminar con las botas puestas.
    c. Caminar sólo con los calcetines.

12. Estando desarmado, te encuentras un oso en tu campamento. El oso se encuentra a 10 metros de ti, debes:

    a. Correr.
    b. Subirte al árbol más cercano.
    c. Quedarte quieto, pero listo para moverte lentamente hacia atrás.

HOJA DE INSTRUCCIONES
PARA TRABAJO EN GRUPO

La decisión por medio del consenso, es un método de solución de problemas y toma de decisiones en grupos en los cuales todos los miembros están involucrados y activamente discuten los temas que surgen alrededor de la decisión. De esta manera, el grupo obtiene el conocimiento y la experiencia de todos sus miembros. Cualquier decisión final debe apoyarse por cada miembro del grupo. Las ideas y sentimientos de todos los miembros, están integrados en una decisión de grupo que permite a varias personas, trabajar juntos sobre un problema común más que el producir una posición de "nosotros - ellos".

La decisión por consenso, es frecuentemente difícil de obtener y consumirá más tiempo que otros métodos de decisiones. A medida que las energías del grupo se enfocan sobre el problema (más que ál defender puntos de vista individuales), la calidad de la decisión, tiende a mejorar. Las investigaciones indican, que esta aproximación a la solución de problemas y a la toma de decisiones, da como resultado, una decisión de mayor calidad que otros métodos, como el uso del poder mayoritario (votación), poder minoritario (persuasión), y compromiso.

En el proceso de decisión por consenso, se le pide a cada miembro del grupo que:

1. Prepare su propia posición lo mejor posible, antes de reunirse con el grupo (pero dándose cuenta de que la tarea está incompleta y que las piezas faltantes serán proporcionadas por los otros miembros del grupo).
2. Reconozca como una obligación, el expresar su propia opinión y explicarla plenamente, para que los demás del grupo, tengan el beneficio de todo el pensamiento de los miembros.
3. Reconozca como una obligación el escuchar las opiniones y los sentimientos de los demás miembros del grupo, y esté listo para modificar su propia posición con base en la lógica y el entendimiento.
4. Evite técnicas que reducen conflictos tales como la votación, el compromiso, o el dejar sus propias ideas para mantener la paz, ya que es de utilidad darse cuenta de las diferencias de opinión.

Has completado ya una solución individual a la tarea de búsqueda de consenso: Supervivencia en el Bosque. Ahora, tú y tus compañeros tomarán una solución de grupo para los mismos dilemas.

Recuerda que la decisión por consenso es difícil de obtener, y no todas las decisiones se encontrarán con la aprobación de todos. Sin embargo, debe haber un sentimiento general de apoyo de todos los miembros antes de que se tomen decisiones en grupo. Toma tiempo para escuchar y considerar todos los puntos de vista de todos los miembros, comunica tu propio punto de vista y sé razonable al llegar a una decisión de grupo.

HOJA DE RESPUESTAS

Aquí se encuentran los cursos de acción recomendados para cada una de las situaciones que se presentan en la hoja de trabajo de la Supervivencia en el Bosque. Estas respuestas vienen del curso sobre la Supervivencia en el Bosque, enseñado por el "Service Interpretative, Monroe Country, New York Parks Department". Se consideran estas respuestas como las mejores reglas para la mayoría de las situaciones; sin embargo, las situaciones específicas pueden requerir de otros cursos de acción.

1. (a). *Gritar "auxilio" fuertemente pero en tono bajo.*

   Los tonos bajos llegan más lejos, sobre todo en el bosque. Hay más oportunidad de ser escuchado si llamas fuertemente pero en tono bajo. La palabra "auxilio", es buena para usarse, porque pone a tus compañeros en alerta. El gritar solamente sería menos efectivo, y podría confundirse con un llamado de pájaro.

2. (a). *Hacer mucho ruido con tus pies.*

   Las víboras no quieren a la gente y harán lo posible por quitarse de tu camino. A menos que sorprendas o acorrales a una víbora, existe la oportunidad de que ni siquiera te la encuentres. Algunas víboras se alimentan de noche, y el caminar suavemente, podría llevarte donde hay una víbora.

3. (c). *Poner un poco de la planta sobre tu labio inferior, durante cinco minutos; si todo está bien, probar un poco.*

   La mejor aproximación, es comer sólo las plantas que reconoces, pero cuando estés en duda y muy hambriento, puedes usar la "prueba del labio". Si la planta es venenosa, tendrás una sensación muy desagradable en tu labio. Las moras rojas no dicen mucho acerca de lo comestible que es la planta, y los pájaros no tienen los mismos sistemas digestivos que nosotros.

4. (c). *Beber cuando lo necesites, lo que necesites.*

   El peligro aquí, es la deshidratación, pues una vez que comienza, tu litro de agua no podrá revertirla.

El ahorrar agua o racionarla no ayuda, sobre todo si ya estás inconsciente. Así que usa el agua que necesites y trata de encontrar agua lo más pronto posible.

5. (c). *Cavar en el lecho del río que está en la parte externa de una curva.*

Ésta es la parte del río que fluye más rápido y más profundo, es la última parte que se seca.

6. (c). *A la mitad de la ladera.*

Una lluvia repentina puede convertir al río en un torrente. La cima de la loma aumenta tu exposición a la lluvia, viento y relámpagos.

7. (b). *Colocar las pilas debajo de tus brazos para calentarlas y después colocarlas de nuevo.*

Las pilas de la linterna pierden su poder, y las pilas se acaban más rápido en el frío. El calentarlas las ayudará por un rato. Normalmente, evitarás viajar de noche, a menos que fuera territorio abierto y tuvieras a las estrellas para guiarte. Hay demasiados obstáculos (troncos, ramas, etc.), y te podrías lastimar. Lo mejor es quedarse en el campamento cuando el sol se pone en zonas boscosas.

8. (a). *Amarilla.*

Una llama amarilla indica combustión incompleta y mucho monóxido de carbono.

9. (a). *Deja tus botas y tu mochila puestas.*

Los errores en vadear ríos, son causa principal de accidentes. Las botas protegen tus pies, y tu mochila te dará estabilidad. Si es a prueba de agua, flotará.

10. (b). *Al otro lado del río (de lado a lado).*

El mirar río arriba es la peor alternativa porque la corriente te empujará. Tendrás más estabilidad mirando al otro extremo.

11. (c). *Con calcetines.*

Puedes sentir el camino y dónde estás pisando. Las botas pueden resbalarse y el ir descalzo, no ofrece protección a tus pies.

12. (c). *Quédate quieto, pero listo para moverte lentamente, hacia atrás.*

Un movimiento repentino, asustará al oso, más que tu presencia. Si el oso está buscando alimento, déjalo y que se vaya. Si no, muévete lentamente hacia atrás a algún refugio (árboles, rocas, etc.).

Ejercicio 170: EL CUERPO

USOS:
— Ayuda a identificar los principales tabúes que impiden una comprensión integral del cuerpo humano, y su impacto en la percepción de la comunicación no verbal.
— Pone al descubierto los excesos de racionalización en tanto idealización del comportamiento.
— Auxilio a los participantes como proceso de autocomprensión.

RECURSOS MATERIALES:
— Un salón amplio y bien iluminado.
— Rotafolio o pizarrón.

DURACIÓN:
— De 60 a 120 minutos.

TAMAÑO DEL GRUPO:
— 20 personas.

DISPOSICIÓN DEL GRUPO:
— Sentados alrededor de una mesa en forma de "U" o herradura para recibir las instrucciones.
— Y para el desarrollo del ejercicio de pie, según lo vaya señalando el instructor.

INSTRUCCIONES ESPECÍFICAS:
— Este ejercicio es para procesos avanzados de entrenamiento, o para iniciar procesos formativos con personas muy avezadas en grupos de encuentro.

DESARROLLO:

Primera Etapa
— El facilitador explica que el ejercicio consiste en tres etapas y su procesamiento. Que la primera está dirigida al relajamiento del grupo. La segunda, a la construcción del motivo del ejercicio. Y la tercera al ajuste del ejercicio, según se desenvuelva el mismo.
— Se les solicitará que se paren y comiencen a caminar en el espacio más amplio del salón. Que comiencen

lo más próximo posible pero sin tocarse, ni siquiera rozándose. Se les pide que guarden una actitud de indiferencia total.

— La velocidad de los pasos irá siendo aumentada, hasta la carrera si es preciso, es obvio que esto puede ocasionar algunas colisiones, pues se tratará de mantener lo más estrechamente posible el área de desplazamientos.

— La indiferencia debe mantenerse hasta el punto en que la agitación haya provocado un cambio total en la respiración.

— Entonces el facilitador pide que comiencen a observarse sólo de reojo, que traten de darse cuenta de quién pasa a su lado. ¿Cómo es? ¿Cómo viste? ¿A qué se dedicará? ¿Cómo se llama o llamará? ¿Qué características son gratas en esas personas? ¿Cuáles le son desagradables? ¿Cómo podría tratar de conocerlos más? ¿Cómo serán?

— Después se les pedirá que comiencen a observarse con mayor detenimiento. Naturalmente que esto hará que disminuya la velocidad de la caminata, pero esto no lo indicará el facilitador, dejándolo al propio ritmo del grupo.

— Para finalizar esta primera etapa, se les pedirá que traten presentaciones integrales en todos sus compañeros. Averiguar todo lo que puedan de ellos. Buscando verbalizaciones lo más amplias posibles. Profundizando lo más que la situación permita.

Segunda Etapa
— Habiéndolos dejado un tiempo razonable para este intercambio, el facilitador pide al grupo, que en todo el espacio libre del salón, formen un cuerpo humano, eligiendo cada quien de forma unidos e individual, la parte del cuerpo que quieran ser ya sea externo o interno el órgano: cabeza, cerebro, abdomen, estómago, hígado, pierna, brazo, cuello, etc.

— Se les da unos minutos y el facilitador verbalizará a propósito de la confirmación de ese ''cuerpo'', sus excesos y sus carencias. Incluso puede provocar una discusión preliminar sobre las malformaciones culturales de tal espécimen.

— Es muy importante que diagrame esta primera configuración del cuerpo en el rotafolio o pizarrón, destacando la relación de las personas con las partes del cuerpo.

Tercera Etapa

— Entonces el facilitador le pide al grupo, que a través de la acción cooperativa de todos, intenten ajustar esa conformación inicial del "cuerpo", a una configuración lo más real posible, que lo discutan entre sí y negocien la ubicación de las personas con relación a los órganos y partes del cuerpo. Se les da un determinado tiempo.

— Concluido ese lapso, el facilitador hace una revisión verbal de cómo quedó finalmente el cuerpo y refuerza la verbalización con un segundo diagrama, que al concluir, le pide al grupo que regresen a sus lugares para analizar el ejercicio y llegar a conclusiones.

Ejercicio 171: PERSONA, ANIMAL O COSA

USOS:
- Permite una presentación rápida y significativa de los miembros de un grupo.
- Ayuda a conocer otros aspectos de las personas.
- Proporciona información relevante de la valorativa personal.
- Sirve para romper el hielo al inicio de un proceso formativo.

RECURSOS MATERIALES:
- Un salón amplio y bien iluminado.
- Si el procesamiento se quiere dirigir a valores, es conveniente contar con pizarrón o rotafolio.

DURACIÓN:
- De 30 a 45 minutos.

TAMAÑO DEL GRUPO:
- 20 personas máximo.

DISPOSICIÓN DEL GRUPO:
- Sentados alrededor de una mesa en forma de "U" o herradura.

INSTRUCCIONES ESPECÍFICAS:
- El instructor deberá tener cuidado de manejar la carga proyectiva del ejercicio, ajustándola a la finalidad didáctica que persiga.

DESARROLLO:
- El instructor pide a los participantes del grupo de formación, que cada uno medite un momento sobre la posibilidad de cambiar de identidad y que tal posibilidad les permitiese ser otra persona, un animal o una cosa.
- El ejercicio consiste en que los participantes escogen qué les gustaría ser de estas opciones mencionadas, en una primera etapa, y en la segunda que expliquen al grupo por qué.

— Es recomendable que en el procesamiento se destaquen las similitudes y constantes, así como lo disímil y variable para establecer un parámetro de la discusión.
— Se llega a conclusiones.

Ejercicio 172: SUPERVIVENCIA EN LOS ANDES

USOS:
- Permite observar el comportamiento individual en la toma de decisiones que implica poner en juego la valorativa personal.
- Explora las resistencias más evidentes para el manejo de una comunicación no verbal de carácter integral.
- Sirve para estudiar los grados de cohesión o dispersión de un grupo de trabajo.

RECURSOS MATERIALES:
- Un salón amplio y bien iluminado.
- Si es posible que tenga alfombra sería mejor, para que los participantes puedan sentarse en ella.

DURACIÓN:
- 45 minutos.

TAMAÑO DEL GRUPO:
- 20 personas.

DISPOSICIÓN DEL GRUPO:
- En cuatro subgrupos.

INSTRUCCIONES ESPECÍFICAS:
- Ninguna.

DESARROLLO:
- El instructor divide al grupo en cuatro equipos.
- Se le platica al grupo sobre la tragedia ocurrida en los Andes, a raíz del avión que se estrelló en esa cordillera y los sobrevivientes que se lograron rescatar, los cuales narran que tuvieron que recurrir a la antropofagia para seguir viviendo, pues estaban totalmente incomunicados.
- Entonces se les pide a los participantes que traten de ubicarse en esa situación, el ejercicio consiste, en su primera etapa, en decidir cuál de los miembros del equipo tendrá que morir para ser comido por

los otros y en la segunda etapa, por qué parte del
cuerpo comenzarían a comérselo.
— Se da un tiempo límite y al concluir éste, se procesa
el ejercicio para llegar a conclusiones.

Ejercicio 173: MODELOS HISTÓRICOS

USOS:
- Explorar aspiraciones personales de comportamiento individual.
- Desarrollar la habilidad en la determinación y elaboración de patrones abstractos de comportamiento.
- Permitir a los participantes experimentar con un método que permite el acceso a la división histórica del comportamiento individual.

RECURSOS MATERIALES:
- Un salón amplio e iluminado.
- Hojas tamaño carta y lápices.
- Rotafolio o pizarrón.

DURACIÓN:
- 60 minutos aproximadamente.

TAMAÑO DEL GRUPO:
- 10 personas es un número deseable, pero da cabida a un máximo de 20.

DISPOSICIÓN DEL GRUPO:
- Con 10 personas se puede manejar abierto a toda la participación.
- En caso de ser un grupo entre 16 ó 20 personas, es mejor subdividirlo en corrillos.

INSTRUCCIONES ESPECÍFICAS:
- Como cualquier dinámica vivencial el instructor requiere un modelo positivo que le sirva de marco de referencia: en este ejercicio se requiere de un sólido concepto del hacer histórico, o sea, el facilitador necesita partir de una clara comprensión de cómo se hace la historia, con objeto de obtener el mayor provecho a la experiencia de los participantes.
- La importancia y riqueza significativas del ejercicio para los participantes puede verse nutrida por un manejo adecuado de elementos proyectivos y de transferencia, siempre y cuando el facilitador realmente esté entrenado para manejarlos.

— Este es un ejercicio para procesos avanzados de entrenamiento, nunca para aperturas, pues demanda un clima de confianza sólido y una comunicación espontánea y efectiva, inscrita en una verdadera volitividad de los participantes.

DESARROLLO:

Primera Etapa
— Se pide a los participantes que de manera individual, se pongan lo más cómodo posible. Incluso si hay manera de acostarse en la alfombra (si la hubiese) o recargarse en alguna pared, que no duden en hacerlo. Y que tengan a la mano papel y lápiz.
— Se induce el ejercicio con una pequeña relajación, tratando de provocar una respiración tranquila y de reposo.
— Entonces el facilitador comienza a trabajar verbalmente sobre el concepto de personaje histórico, a través de categorías tales como: valores que representan, protagonista o representante de un momento y sociedad determinada, constructor de hechos históricos o catalizador de los mismos. Para acto seguido, introducir el ejercicio, invitando a los participantes a que mediten sobre aquellos personajes históricos con los que se sientan más identificados de manera tal, que si pudiesen ser algún personaje de esos, escogiesen por lo menos tres para anotarlos en el papel.
— El instructor puede dar algunos nombres a guisa de ejemplo (pero sus sugerencias pueden inducir al participante en una cierta dirección).
— Puede ser que sea necesario decir que el grupo se encuentra en un ejercicio imaginativo en el cual puede dar rienda suelta a su fantasía, de forma que el género de los personajes históricos puede ser asumido ya sea en hombres o mujeres indistintamente.
— Para finalizar esta etapa, se pide a los participantes que ponderen, de su lista de personajes, en qué orden de importancia podrían querer ser cada uno de ellos.

Segunda Etapa

— Los miembros del grupo (o subgrupo) pueden entonces compartir con sus compañeros las listas de personajes históricos que elaboraron de manera individual.
— El instructor les pide a todos los participantes que respondan, hacia el interior del grupo las siguientes preguntas:

¿Por qué los clasifiqué en el orden que lo hice?
¿Qué valores humanos estimo en cada uno?
¿Cuál es el patrón de comportamiento social de cada personaje?
¿Qué modelo de comportamiento puedo deducir de la combinación de los personajes?
¿Qué seleccioné?
¿Por qué?

— Es conveniente que el facilitador escriba las preguntas en el pizarrón.
— Los participantes pueden sentirse libres para involucrarse en una discusión abierta e informal.
— Se les pide a los participantes que reporten los rasgos de los comportamientos que cada miembro del grupo dedujo de sus personajes históricos.
— Se llega a conclusiones.

Ejercicio 174: ENTRAR AL ARO

USOS:
- — Sirve para comprender lo que es y no es la retroalimentación o feed-back.
- — Permite diferenciar la retroalimentación o feed-back de otras conductas que tomamos ante los hechos y constata algunos de los posibles efectos de cada uno de ellos.
- — Explora las posibilidades reales del efecto pigmalión a través de la acción cooperativa de un grupo dirigido a una persona.

RECURSOS MATERIALES:
- — Rotafolio o pizarrón.
- — Un salón amplio y bien iluminado.
- — Tres o cuatro vendas, según el tamaño del grupo y la dirección del ejercicio.
- — 4 aros y una estaca con su base.
- — Cinta adhesiva.

DURACIÓN:
- — De 30 a 45 minutos.

TAMAÑO DEL GRUPO:
- — 20 personas máximo.

DISPOSICIÓN DEL GRUPO:
- — En subgrupos de cuatro o cinco personas.

INSTRUCCIONES ESPECÍFICAS:
- — El instructor según sea la orientación del ejercicio, debe estar pertrechado o con un modelo de retroalimentación o feed-back, o con un modelo que pueda explicar el Efecto Pigmalión.

DESARROLLO:

Versión Orientada a la Retroalimentación
- — El instructor solicita 4 voluntarios y se les pide que momentáneamente abandonen el salón de entrenamiento, indicándoles que serán llamados de uno en

uno y que si gustan pueden ponerse de acuerdo en qué orden pasarán.

— El facilitador pone la estaca en el suelo y a unos cuatro pasos de ella establece la línea de tiro señalándola con una tira de cinta adhesiva.

— Entonces explica al grupo, que los voluntarios pasarán uno por uno a tirar los cuatro aros; primero haciéndolo con los ojos descubiertos, a modo de ejercicio, para calcular su distancia, conservando el grupo absoluto silencio. La segunda oportunidad tirará los 4 aros pero con los ojos vendados en donde las reacciones del grupo irán cambiando según pasen los voluntarios: a) con el primero que pase, el grupo le hará comentarios de algo exagerado de que todo va bien, b) con el segundo, el grupo deberá tomar una actitud de rechazo, de abucheo y desaliento, c) con el tercero, el grupo tendrá que asumir una actitud de indiferencia total y d) con el cuarto, el grupo asumirá una actitud de real ayuda de manera que ciertamente se le refleje lo que va realizando. Todas estas actitudes tienen que ser ostensibles y hacerlas sentir a cada uno de los voluntarios.

— Además de recomendarle al grupo, el asumir lo mejor posible estos papeles, se les pedirá que observen cuidadosamente las reacciones de sus compañeros que pasen a tirar desde el momento en que entren, hasta que se retiren. Incluso sería bueno tomar notas.

— Una vez que haya tirado cada uno de los voluntarios, el instructor le preguntará antes de quitarle la venda: ¿Cómo te sientes? ¿Cómo sentiste la reacción del grupo en relación a tu persona? ¿Cuántos aros crees que acertaste? Las respuestas las irá anotando en el rotafolio o pizarrón.

— Invita al voluntario en turno a quitarse la venda de los ojos y a sentarse y permanecer como espectador.

— Una vez integrado todo el grupo, comienza a procesarse el ejercicio analizando los efectos detectados en cada uno de los casos, para llegar a conclusiones.

Versión Orientada al Efecto Pigmalión
— El instructor divide al grupo en tres o cuatro grupos y les explica que el ejercicio consiste en escoger a

un compañero en cada subgrupo para vendarle los ojos y lograr que en estas condiciones logre insertar por lo menos un aro en la estaca de ocho oportunidades divididas en dos turnos de cuatro aros cada uno.

— Con la cooperación del grupo se determina la distancia entre la estaca y la posición de tiro.

— La responsabilidad de los miembros de cada equipo que sí puedan ver es la de orientar y atender al compañero que no puede ver y que tiene que acertar los aros en la estaca.

— Se les dan unos 5 minutos para que establezcan sus estrategias y para desarrollar el ejercicio. Y se realiza la primera ronda de cuatro aros por grupo.

— Se les vuelve a invitar a que replanteen sus estrategias y si hay alguna demanda que tengan que hacer los grupos, se someterá a la decisión colectiva.

— Al terminar la segunda ronda se les quita la venda a los tiradores y se totalizan los resultados alcanzados, que previamente se han ido anotando en el rotafolio o pizarrón.

— Se procesa el ejercicio y se llega a conclusiones.

Ejercicio 175: CASA, CISNE Y FLOR

USOS:
- Permite explorar la mecánica del intercambio social en tanto desviaciones hacia la cooperación o el dominio.
- Ayuda a reflexionar sobre la dificultad de mediar a través de preconcepciones.
- Sensibiliza a los participantes en la construcción de significados comunes basados en el compartir significados.

RECURSOS MATERIALES:
- Un salón amplio y bien iluminado.
- Hojas carta y lápices.

DURACIÓN:
- De 30 a 60 minutos.

TAMAÑO DEL GRUPO:
- De 16 a 20 participantes.

DISPOSICIÓN DEL GRUPO:
- Individual primero, en parejas después.

INSTRUCCIONES ESPECÍFICAS:
- El modelo en el que se basa este ejercicio es el siguiente: El intercambio social persigue una sola finalidad, compartir significados, sin embargo, la misma dinámica de la acción interpersonal suele mostrar dos caminos a través de los cuales suele resolver esta finalidad en tanto mediación social, la mediación de cooperación y la mediación por dominio (véase gráfica de la página siguiente).

DESARROLLO:
- Se solicita a los participantes que en una hoja tamaño carta, dibujen una casa, un cisne y una flor, ya sea como elementos aislados o como composición organizada, según prefieran. Es importante destacarles que esta gráfica debe ser reservada e íntima, de manera que nadie la vea.

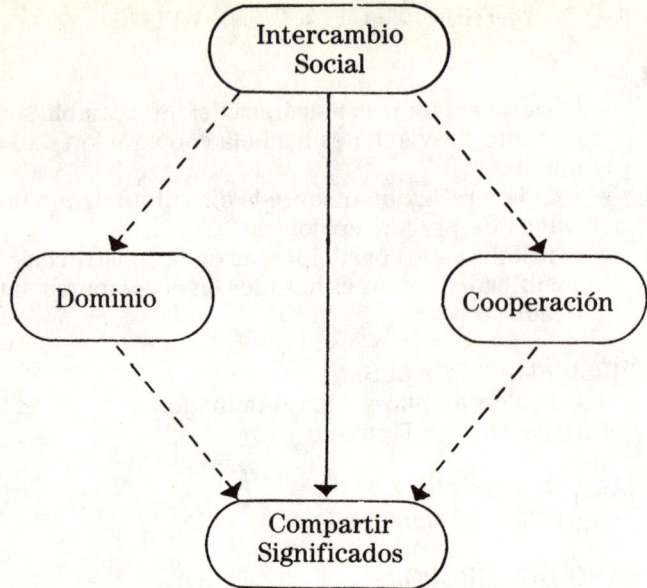

- Terminado el dibujo se les pide que lo guarden para que nadie lo vea.
- Se forman parejas, de preferencia con personas que no estén sentadas próximamente.
- La disposición de las parejas, preferentemente, es recomendable que sea cara a cara con una mesa en la cual apoyarse.
- Se les indica que a partir de ese momento ya no pueden hablar, sólo pueden seguir las instrucciones, que son: en una hoja tamaño carta y con un solo lápiz tomado por las dos personas al mismo tiempo, tienen que dibujar entre los dos una casa, un cisne y una flor, tratando de que cada miembro de la pareja use como modelo, el primer dibujo individual que realizaron. Se insiste en guardar silencio.
- Al término se procesa confrontando modelos individuales y analizando discrepancias.
- Se pide que verbalicen el grado de dificultad en términos de cooperación y dominio.
- Se establecen los elementos descubiertos por el grupo.
- Se llega a conclusiones.

Ejercicio 176: PROYECTO HERÁLDICO

USOS:
- Ayuda a romper el hielo.
- Permite una primera autorrevelación preliminar.
- En procesos de planeación de vida y carrera, auxilia para el análisis de valores.

RECURSOS MATERIALES:
- Salón amplio y bien iluminado.
- Lápices y hojas tamaño carta.
- Suficientes marcadores de agua con amplia selección de colores.
- Hojas de rotafolio.

DURACIÓN:
- 60 minutos en ruptura de hielo.
- 120 minutos en análisis de valores.

TAMAÑO DEL GRUPO:
- De 16 a 20 personas.

DISPOSICIÓN DEL GRUPO:
- En la primera etapa: individual.
- En la segunda etapa: subgrupos de 4 a 5 personas.

INSTRUCCIONES ESPECÍFICAS:
- Es deseable que el facilitador conozca los elementos fundamentales de la heráldica; tanto sus gráficas básicas, como su simbolismo, para que pueda explicar lo que significa un escudo de armas.

DESARROLLO:

Primera Etapa:
- Después de una breve introducción a la heráldica, se les pide a los participantes que se imaginen que cada uno de ellos es la simiente de una estirpe y que al formular su escudo de armas están dejando la misión que deben asumir sus descendientes, como un proyecto que les conferirá una dimensión especial de lo humano a cada uno de los familiares involucrados. Se les da unos 30 minutos para este diseño.

Segunda Etapa:
— Se establecen los subgrupos, 4 ó 5, y se les pide que expongan sus escudos sin que medie explicación verbal alguna, de manera que el grupo interprete lo que se quiso expresar en ellos.
— Ya que todos los escudos fueron interpretados, los participantes podrán hacer ajustes a las interpretaciones.

Tercera Etapa: (Sólo para planeación de carrera y vida).
— Se les pide a los grupos que enlisten 10 de los valores que con mayor frecuencia aparecen en los escudos de cada uno de los subgrupos, para reportarlo en hoja de rotafolio.
— Se hace el análisis comparativo de los mismos y se llega a conclusiones.
— En ocasiones se recomienda un juego de diferencial semántico con los valores.

Ejercicio 177: HISTORIETA

USOS:
- Propiciar una autorrevelación preliminar, para facilitar el conocimiento intragrupal.
- Sensibilizar al grupo sobre el empleo de medios comunicativos diferentes a la palabra.
- Ayuda a romper el hielo.

RECURSOS MATERIALES:
- Un salón amplio y bien iluminado.
- Lápices para los participantes.
- Hojas carta.

DURACIÓN:
- 60 minutos.

TAMAÑO DEL GRUPO:
- De 16 a 20 participantes.

DISPOSICIÓN DEL GRUPO:
- En la primera etapa: individual.
- En la segunda etapa: subgrupos de 4 a 5 personas.

INSTRUCCIONES ESPECÍFICAS:
- Es recomendable que el facilitador no mencione el nombre del ejercicio al iniciar el juego, porque nadie considera, en principio, su vida como una tira cómica; sin embargo, una reflexión al término del procesamiento del ejercicio, sobre el nombre del mismo, sirve para detectar los niveles de resistencia individual y la rigidez o flexibilidad de sus esquemas de aprendizaje.

DESARROLLO:

Primera Etapa:
- Se pide a los participantes que tomen una hoja tamaño carta, la doblen por la mitad y hagan lo mismo dos veces más, de tal manera que al desplegar la hoja queden marcados 8 espacios.
- El facilitador puede ir haciendo estos dobleces, a

título de manualidad, para que no se rezaguen los participantes.

— Acto seguido, se les solicita que en cada una de las áreas demarcadas con los dobleces, describan por medio de gráficas sin palabra alguna, 8 eventos que por su importancia, expliquen por sí mismas, el porqué son lo que son en el aquí y el ahora.

— Se les aclara que de ninguna manera se trata de "calificar" la capacidad gráfica de ellos, sino de analizar los eventos descritos.

— Se dan 15 minutos para esta etapa.

Segunda Etapa:
— Ya terminadas las gráficas, se forman 4 ó 5 subgrupos de 4 ó 5 personas cada uno, para que en ellos, se dé la siguiente dinámica:

— Los participantes mostrarán sus hojas sin explicarlas, de manera que el grupo descubra qué es lo que significa cada uno de los eventos descritos.

— Ya que todos los dibujos fueron interpretados, los dueños de los mismos, podrán hacer los ajustes que consideren pertinentes sobre lo que sus compañeros vieron en las gráficas.

Procesamiento:
— Además de que la gente refiera lo que descubrió a través de la experiencia, es recomendable dar énfasis en las similitudes de eventos que nos hicieron como somos.

— Le pregunta clave sobre el nombre del ejercicio, aquí adquiere su mayor dimensión.

Ejercicio 178: SALTAR A LA CONFIANZA

USOS:
- Resaltar los errores de las barreras de comunicación.
- Sensibilizar al grupo sobre los problemas de la toma de decisiones con base en datos equívocos.
- Ayudar a la ruptura de hielo.
- Resaltar la desconfianza grupal por falta de comunicación.
- Conceptualizar los procesos y mecanismos internos de la comunicación para la toma de decisiones.
- Detectar a los líderes naturales del grupo.

RECURSOS MATERIALES:
- Un salón amplio y bien iluminado.
- Tabla de fibracel aglomerado o triplay de 60 × 60.
- Sillón con posabrazos de cuatro patas.
- Vendas para cubrir los ojos.

DURACIÓN:
- 30 minutos.

TAMAÑO DEL GRUPO:
- De 16 a 20 participantes.

DISPOSICIÓN DEL GRUPO:
- En la primera etapa: subgrupal.
- En la segunda etapa: grupal.

INSTRUCCIONES ESPECÍFICAS:
- Se pide a cada subgrupo que seleccione a un individuo que tenga las siguientes características: Liderazgo, confianza en el grupo, capacidad de toma de decisiones.
- Las personas elegidas no deben tener deficiencias físicas, ni estar imposibilitadas para el ejercicio, relativamente violento, como mujeres embarazadas, minusválidos o demasiado obesos.

DESARROLLO:

Primera Etapa:
- Se les pide a los seleccionados salir del salón.

Segunda Etapa:
— Se selecciona a 4 personas para cargar el sillón, los cargadores deben ser fuertes y se les explica el ejercicio.

Tercera Etapa:
— Se permite entrar al primero de los seleccionados y se le vendan los ojos.
— Se le sube al sillón y debe colocar sus manos sobre los hombros o sobre la cabeza de los portadores.
— El quinto seleccionado se coloca a espaldas del vendado con la tabla de triplay. Los portadores deben levantar el sillón unos 10 ó 20 centímetros del suelo. Una vez elevado a esta altura, se empiezan a agachar sin que el sillón toque el suelo, Manteniéndolo a 10 ó 20 centímetros del piso. Se les dice en voz alta a los portadores: "¡más arriba, hasta el techo!"; por último, cuando estén casi en cuclillas, el quinto seleccionado, debe colocar la tabla sobre la cabeza del vendado firmemente, haciendo presión hacia abajo, sin balancear la tabla, dando la sensación al vendado, de estar tocando con su cabeza el techo del salón.

Cuarta Etapa:
— Se le pide al vendado saltar al piso.

Quinta Etapa:
— Se repite el ejercicio con cada uno de los seleccionados.

Sexta Etapa:
— Se hace una discusión subgrupal del ejercicio y otra grupal, anotando las conclusiones.

Ejercicio 179: LARGO, PICUDO Y CON PESTAÑAS

USOS:
- Propicia la reflexión sobre la jerarquización de las órdenes en las organizaciones.
- Explora reacciones ante la experimentación en "carne viva" de los principios taylorianos del trabajo.
- Evidencia la obsolescencia en la que virtualmente cae todo el diseño de proceso de trabajo.

RECURSOS MATERIALES:
- Un salón amplio e iluminado.
- Para cada triada: tres vendas, una regla, un lápiz con goma adherente, un lápiz adhesivo y una plantilla de cartoncillo de un octaedro recortado, sin marcar triángulos o pestañas, de manera que no pueda ser identificado, por donde hay que doblar para armarlo.
- Un plano con el cual el facilitador pueda dar las explicaciones.

DURACIÓN:
- Depende de la profundidad con que se maneje el análisis dentro del procesamiento, pero normalmente toma el ejercicio, como tal, 45 minutos.

TAMAÑO DEL GRUPO:
- No más de 20 personas.

DISPOSICIÓN DEL GRUPO:
- En triadas.

INSTRUCCIONES ESPECÍFICAS:
- El facilitador debe estar familiarizado con el taylorismo y la crítica que la teoría organizacional ejerce sobre él. Aunque puede quedarse el nivel de análisis en la superficialidad crítica de la supervisión tradicional.

DESARROLLO:
- Se forman las triadas.
- Se entregan sólo las vendas.
- De los tres individuos, se pide que elijan a quién le

vendarán la boca para que no hable, a quién le amarrarán las manos a la espalda para no intervenir, y a quién le venderán los ojos para no ver.

— Ya vendados, el facilitador pide que aquellos que fueron elegidos para sus triadas, como los que no van a hablar, salgan con él del salón, para darles las instrucciones de la tarea que tendrán que realizar.

— En este momento, se les muestra la plantilla y plano del octaedro recortada y una hoja (el plano), en donde gráficamente se explique tanto los dobleces, como el producto terminado que se desea, aclarándoles que las reglas del juego son las siguientes:

a) Sólo pueden tocar el material para la manufactura de los octaedros, las personas que tengan los ojos vendados.

b) Los que no pueden hablar, tendrán que dar las instrucciones a las personas que están amarradas de las manos y éstos a su vez, trasmitirlos a los vendados de los ojos. Se permite cualquier medio de comunicación, siempre que no se toque el material, pues la tarea la tiene que realizar solamente el operario ciego.

c) No se puede tampoco tocar al operario, dirigiéndole las manos.

d) La regla es para que todos los dobleces sean precisos.

e) El lápiz adhesivo es para aplicarlo en el armado final del octaedro.

— Se da el tiempo a todas las triadas y se inicia el ejercicio al mismo tiempo.

— Al terminar, se procesa para llegar a conclusiones.

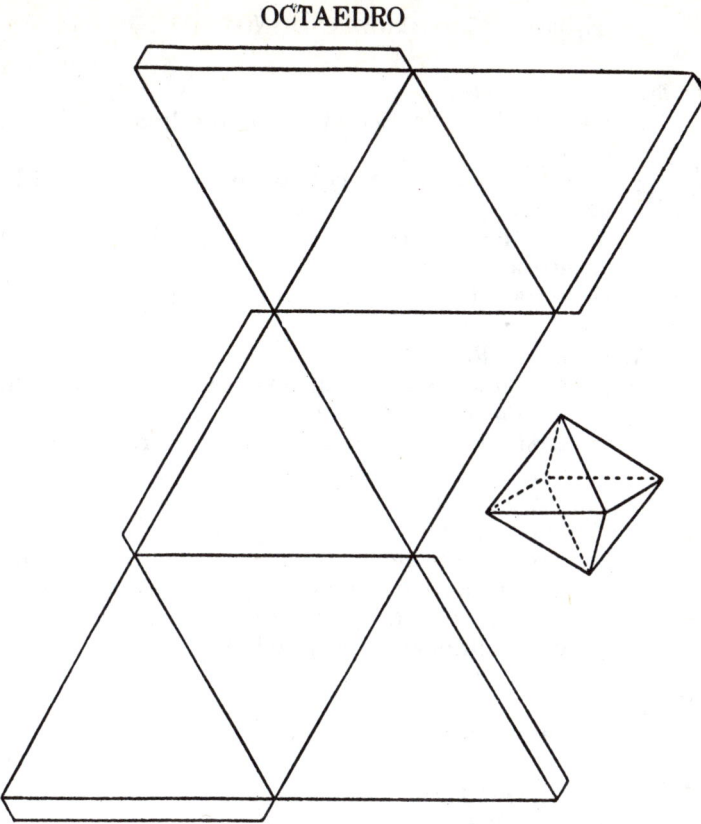

OCTAEDRO

Ejercicio 180: DESLIZÁNDONOS JUNTOS

USOS:
— Hace vivir la necesidad de la coordinación de un grupo.
— Permite observar las conductas que tienden al liderazgo.
— Destaca los efectos de motivación o frustración en un grupo.
— Sirve para integrar a un grupo de trabajo.

RECURSOS MATERIALES:
— Cuatro tablones de 2 pulgadas de grosor, 25 ó 30 cm de ancho y 2.30 de largo.
— Cuatro tablones de 2 pulgadas de grosor, 25 ó 30 cm de ancho y 1.60 de largo.
— Una bola de cuerda plástica o mecate.
— Tijeras o navaja.
— Un espacio muy amplio, en el cual se pueda establecer una pista de por lo menos 25 metros de largo y un ancho en el cual puedan los cuatro grupos deslizarse simultáneamente (puede ser al aire libre).

DURACIÓN:
— 120 minutos aproximadamente.

TAMAÑO DEL GRUPO:
— 20 personas máximo.

DISPOSICIÓN DEL GRUPO:
— En subgrupos de 5 personas para la realización del ejercicio, en plenario para el procesamiento.

INSTRUCCIONES ESPECÍFICAS:
— Es recomendable tener un modelo teórico de referencia para el análisis del comportamiento grupal.

DESARROLLO:
— Se forman los subgrupos.
— Se les entrega una tabla grande y una pequeña a cada subgrupo.
— Se les dice que antes de hacer cosa alguna, se tomen

un momento para planear correctamente, en función de las siguientes reglas:

a) Las tablas largas son los deslizadores para todos los pies izquierdos de los miembros de cada subgrupo.
b) Las tablas cortas son los deslizadores para todos los pies derechos de los miembros de cada subgrupo.
c) Los pies de los miembros del subgrupo siempre tienen que estar en contacto con las tablas en el orden citado.
d) La bola de mecate y las tijeras, son para manufacturar una rienda para cada mano de los participantes, con la cual se ayuden a dirigir los deslizadores del subgrupo para deslizarse hacia la meta.
e) Todas las manos de los integrantes de los subgrupos tienen que tener una rienda.
f) Si algún subgrupo o miembro de subgrupo, llegase a perder el equilibrio y caerse, automáticamente quedará fuera de la carrera.

— Se establece la pista de deslizamiento y se les da tiempo para prepararse.

— Se da inicio a la carrera y el facilitador funge como árbitro.

— En algunos casos es posible establecer una apuesta previa, la cual genera una mayor competencia.

— Al terminar se procesa el ejercicio y se llega a conclusiones.

—oOo—

Impreso en Programas Educativos, s.a. de c.v. • 114625 500 06 96 505